남녀의
대화에는
통역이
필요하다

남녀의 대화에는 통역이 필요하다

지은이 이정숙
펴낸이 안용백
펴낸곳 (주)넥서스

초판 1쇄 인쇄 2014년 11월 15일
초판 3쇄 발행 2015년 12월 20일

출판신고 1992년 4월 3일 제311-2002-2호
04044 서울특별시 마포구 양화로 8길 24
Tel (02)330-5500 Fax (02)330-5555

ISBN 979-11-5752-180-7 13320

저자와 출판사의 허락 없이 내용의 일부를
인용하거나 발췌하는 것을 금합니다.
저자와의 협의에 따라서 인지는 붙이지 않습니다.

가격은 뒤표지에 있습니다.
잘못 만들어진 책은 구입처에서 바꾸어 드립니다.

www.nexusbook.com
넥서스BIZ는 (주)넥서스의 경제경영 브랜드입니다.

남녀의 대화에는 통역이 필요하다

이정숙 지음

넥서스BIZ

여는 글

"여직원들의 비위를 맞추는 것은 너무 힘들어요. 잘해 줘도 툴툴거리니 뭘 어쩌라는 건지……. 여자 마음은 정말 알다가도 모르겠어요."

"여직원들은 크게 호통친 것도 아닌데 툭 하면 눈물을 보여서 상대하기가 불편해요."

여자의 사회 진출이 증가하면서 많은 남자가 이런 하소연을 한다. 반면 여자들은 이런 불만을 늘어놓는다.

"남자들은 왜 집에서나 회사에서나 여자들을 얕보는 거죠? 꼭 자기들이 불리하면 남자와 여자가 어떻게 같냐는 말도 안 되는 소리를 해요."

"남자들은 왜 자기들이 하는 일을 여자는 해내지 못할 거라 쉽게 단정하는지 모르겠어요."

이와 같은 불만이 쏟아지는 것은 남녀의 언어 사용법이 다르기 때문이다. 소통을 잘하려면 서로의 언어 사용법을 이해하고 통역해서 바른 의미를 찾아야 하는데, 그렇지 못해 문제가 사그라지지 않는 것이다.

남녀의 소통 문제가 사회적으로 주목받게 된 것은 직장의 성비 구성이 균형을 이루고, 여자들의 구매 파워가 상승했기 때문이다. 지금은 여성용품은 물론 각종 가전제품, 생활용품, 자동차, 금융 상품, 심지어 주택 거래에 이르기까지 여자들이 결정권을 쥐고 있는 분야가 확대되었다. 이제 이 사회가 여자와 제대로 소통할 줄 모르는 남자는 사회에서 성공하기 어려운 구조로 바뀐 것이다.

여자들 역시 남자들의 언어를 이해하기 위해 노력해야 한다. 여자들의 사회 진출이 확대되었다고는 하지만 여전히 이 사회는 남성 중심으로 흐르고 있다. 사회에서 성공하려면 남자들과 잘 소통하여 그들이 만든 사회 시스템에 잘 적응해야 한다. 남녀가 서로의 언어를 정확하게 해독하지 못하면 죽어라 일하고도 제대로 인정받지 못하는 세상이 된 셈이다.

남자와 여자의 언어 사용법은 외국어만큼이나 의미와 해석 코드가 다르다. 그로 인해 다양한 오해가 발생하곤 한다. 이성 간의 언어 사용법을 제대로 알아야 그 모든 오해를 막을 수 있다. 외국어 공부를 할 때 문장과 단어의 의미는 물론 뉘앙스까지 짚어야 제대로 해석할 수 있듯 남녀 간의 서로 다른 언어적 특성을 하나하나 짚고 해독해야 제대로 소통할 수 있다.

남녀 간의 의사소통 문제는 직장에만 국한되지 않는다. 부부 간에도, 부모와 자식 간에도, 연인 간에도 서로 다른 언어 사용법으로 인해 어려움을 겪는 경우가 상당히 많다. 물론 타고난 기질과 성장 환경, 받아 온 교육 방법 등에 따라 여성성이 강한 남자, 남성성이 강한 여자도 있어 예외가 있기는 하다. 하지만 일반적으로는 여자는 여자의 언어를, 남자는 남자의 언어를 사용한다.

이 책에서는 남자와 여자의 서로 다른 언어 특성, 보편적인 언어 차이에 대해 다루었다. 또한 실제 생활 속에서 남녀의 대화가 어떤 차이를 보이는지 쉽게 전달하고자 많은 사람을 인터뷰한 내용을 소개했다. 바쁜 시간을 쪼개 인터뷰에 응해 준 사람들에게 깊이 감사 드린다.

나는 남녀의 서로 다른 언어 사용법을 소개함으로써 많은 사람이 이성의 말을 바르게 통역하고 해독하여 남녀의 소통에서 발생하는 오해를 최소화시키고 평화롭게 상생할 수 있도록 도움을 주고 싶다.

이 시대를 살고 있는 모든 분께 이 책을 바친다. 아무쪼록 이 책이 이성의 서로 다른 언어 사용법 때문에 불필요한 갈등을 빚고 뒤늦게 후회하고 있는 분들에게 도움이 되었으면 한다.

이정숙

 Contents

여는 글 _____ 005

01 회의 _____ 012
- She > 회의는 의견 수렴 과정이다
- He > 회의는 업무 분배와 일의 우선순위 결정 과정이다

02 지시 _____ 022
- She > 직설적 지시는 모욕이다
- He > 직설적 지시만이 절대 복종을 부른다

03 칭찬 _____ 032
- She > 칭찬을 받으면 일단 사양하는 것이 미덕이다
- He > 칭찬은 감사히 받는 것이 예의이다

04 배려 _____ 042
- She > 배려는 눈치껏 알아서 해야 한다
- He > 요청하지 않은 배려는 간섭이다

05 성과 _____ 052
- She > 성과를 냈다면 상대가 자연스럽게 알아줄 것이다
- He > 성과는 말하지 않으면 사라질 수도 있다

06 지적 _____ 060
- She > 지적은 나쁜 감정의 우회적 표현이다
- He > 지적은 단순한 수정 요구이다

07 주장 _____ 070
- She > 강한 주장은 우기는 것이다
- He > 약한 주장은 자신감의 결여이다

08 — 078
질문
She> 자기 확신을 위해 질문한다
He> 진짜 모르는 것을 알아내기 위해 질문한다

09 — 086
협조
She> 어려울 때 협조하는 것은 당연하다
He> 요청하지 않은 협조는 자신을 무시하는 것이다

10 — 094
대화
She> 공감을 확인해야 대화가 원활하게 이어진다
He> 통보만으로도 충분히 대화가 이루어진다

11 — 104
듣기
She> 듣기는 친밀감의 확인이다
He> 듣기는 낮은 자의 임무이다

12 — 112
말수
She> 여자는 비공식 석상에서 말수가 많다
He> 남자는 공식 석상에서 말수가 많다

13 — 120
친분
She> 친한 관계라면 비밀을 공유해야 한다
He> 아무리 친해도 경쟁을 멈추지 않는다

14 — 128
기억력
She> 사소한 것까지 기억해야 한다
He> 중요한 일이 아니면 금방 잊어야 한다

15 — 136
농담
She> 농담에도 뼈가 있다
He> 농담은 그냥 농담일 뿐이다

16 ──────────── 144
서열 She> 여자에게 서열은 불편한 장벽이다
　　　　He> 남자에게 서열은 정체성이다

17 ──────────── 152
경쟁 She> 무언가를 할 때 협력 구조를 만든다
　　　　He> 무언가를 할 때 경쟁 구조를 만든다

18 ──────────── 160
요청 She> 남의 요청은 눈치껏 알아차려야 한다
　　　　He> 말로 요청하는 것만 들어주면 된다

19 ──────────── 168
논쟁 She> 논쟁은 대화의 끝장이다
　　　　He> 논쟁은 대화의 활력이다

20 ──────────── 178
사과 She> 잘못을 하면 누구나 사과해야 한다
　　　　He> 서열이 낮은 사람이 먼저 사과해야 한다

21 ──────────── 186
과장 She> 관심을 끌고자 감정을 과장한다
　　　　He> 있어 보이게 하기 위해 능력을 과장한다

22 ──────────── 194
결정 She> 의논해서 결정하기를 원한다
　　　　He> 독단적으로 결정하기를 원한다

23 ──────────── 202
정보 처리 She> 정보의 디테일까지 처리한다
　　　　　　He> 정보의 결과를 처리한다

24 사교 ———————————————————— 210
- She> 주요 사교 활동은 쇼핑이다
- He> 주요 사교 활동은 술자리나 동호인 모임이다

25 감정 표현 ———————————————————— 218
- She> 표현되지 않은 감정은 없다
- He> 감정을 함부로 표현하면 훼손된다

26 인정 받기 ———————————————————— 228
- She> 노력에 대해 인정받아야 한다
- He> 결과에 대해 인정받아야 한다

27 거절 사양 ———————————————————— 238
- She> 거절은 사양을 가장해서 해야 한다
- He> 거절과 사양은 명확히 구분해야 한다

28 가사 ———————————————————— 248
- She> 가사는 신성한 인간의 임무이다
- He> 가사는 사소하고 하찮은 일이다

29 방향 감각 ———————————————————— 258
- She> 언어로 방향과 지리를 이해한다
- He> 그림으로 방향과 지리를 이해한다

30 관심사 ———————————————————— 266
- She> 개개인에 관심이 많다
- He> 사회, 국가, 세계 등 단체에 관심이 많다

맺는글 _____ 274

사람들은 많은 말을 하면서도 자기 생각을 정확하게 말하지 않으려는 경향이 있다.

사람마다 잠재적으로 갈등의 소지가 있는 언어들을 받아들이는 방식도 다르다.

동성 간의 차이도 무시할 수 없지만

이성 간의 차이는 인위적으로 좁히기 어렵다.

로빈 라코프(Robin Racoff)

▲

로빈 라코프 : 미국의 언어학자, 저서 《말하기의 권력》은 '말이 어떻게 권력이 되는가'에 대한 주제를 언어학적으로 분석하여 소개했다. 말의 힘에 대해 궁금증을 가지고 있다면 꼭 읽어 봐야 하는 책이다.

section
01

회의

She > 회의는 의견 수렴 과정이다
He > 회의는 업무 분배와 일의 우선순위 결정 과정이다

　　　　　　남직원들은 회의를 마치면 여직원들의 회의 태도에 대해 이런 푸념을 늘어놓곤 한다.
　"여직원들은 말이 너무 많고 길어요. 그러니 회의 시간이 자꾸 늘어지고, 그로 인해 업무 시간 안에 일과를 모두 마치지 못할 때가 많아요. 어쩔 수 없이 야근까지 해야 하는 상황에 처하니 너무 짜증나요."
　"여직원들은 왜 회의와 관련 없는 말을 그리 많이 하는지 모르겠어요."
　"여직원들은 지나간 일들을 왜 그렇게 들쑤시는지 모르겠어요. 대체 뭘 어쩌자는 건지 도무지 이해가 되지 않아요."
　하지만 여직원들의 푸념도 만만치 않다.
　"남직원들은 왜 자세하게 설명하는 것을 싫어하는 걸까요? 중요한 발언을 하는데 중간에 잘라 버리기도 해요."
　"열심히 말하고 있는데 귀 기울이지 않고 잡담을 하는 사람도 있어요. 어쩜 그렇게 남의 말을 대놓고 무시할 수 있을까요?"

"그냥 가만히 앉아서 지시를 내릴 거면 대체 회의를 왜 하는 걸까요? 다양한 의견을 듣기 위해 회의를 하는 거 아닌가요?"

양측의 불만이 모두 틀린 것도, 맞는 것도 아니다. 태생적으로 여자와 남자는 언어 사용법이 달라 회의의 개념을 다르게 받아들인다. 그러니 이런 불만들이 생길 수밖에.

남자는 원시시대부터 수천 년간 사냥 등 위급한 상황의 경제활동을 책임져 왔다. 그런 생활 방식에 따라 결과·목적 중심으로 간결하게 말하는 사고 모드가 구축되었다. 그로 인해 길고 장황한 설명은 잔소리 혹은 궁색한 변명 등으로 받아들이는 것이다.

반면 여자는 육아와 가정 유지 관리, 맹수 혹은 이웃 부족의 침입 등 돌발 상황에 대비한 유대 관계 유지를 도맡아 왔다. 따라서 관계를 유지하기 위해 세세한 설명으로 공감대의 끈을 놓치지 말아야 했다. 여자는 이런 생활 방식의 영향으로 과정을 상세하게 설명하는 사고 모드를 갖게 되었고, 상대방이 자세한 설명 없이 결론만 말하면 제대로 대화를 하지 않은 것으로 간주하게 되었다. 그러니 자세한 설명을 잔소리로 간주하는 남자의 사고 모드와 충돌할 수밖에 없다.

이처럼 생활 패턴 차이로 남녀의 사고 모드가 달라져 서로에게 맞는 언어를 사용하지 못하면 남녀 직원이 공생하며 시너지 효과를 내야 하는 직장 회의가 오히려 마이너스 효과를 낼 수 있다.

예컨대, 직장에서 남직원이 자기 기준으로 여직원의 발언이 너무 길다고 느껴 중간에 잘라 버리면, 여직원은 발언을 차단당한 것으로 여겨 모욕감을 느끼고, 회의 자체가 비효율적이라 판단할 가능성이 크다. 가정에서도 마찬가지이다. 아내는 중요한 내용이라는 생각에 세세하게 말하고 있는데, 남편이 쓸데없는 말이라며 중간에 제지하면 아내는 모멸감을 느낀다.

많은 남성이 수천 년간 목숨을 건 생계 활동으로 형성된 간결한 언어 사용법을 바꿀 만한 계기가 없었던 탓에 여전히 '여자는 쓸데없는 말을 많이 한다.'라는 강한 고정관념을 가지고 있다. 그래서 회의 중에는 누구나 자유롭게 발언할 수 있다고 생각함에도 별 생각 없이 여직원의 발언을 중단시키곤 한다.

여직원은 자신의 생각을 직설적으로 말하는 것을 어려워하는 사고 모드를 가져 남직원이 말을 중단시켜도 화난 감정을 표출하지 못한다. 대신 가슴속에 원망을 새겨 둘 뿐이다. 그런 식으로 회의를 마치는 일이 반복되면 직장 남녀 간에 감정의 골이 깊어져 회의로 공유해야 할 의제들이 분산될 가능성이 크다.

남자는 결과 중심, 여자는 과정 중심의 언어 사용법을 가지고 있다. 따라서 회의 진행을 맡은 의장이 이를 중재하고 이성의 언어를 제대로 통역해 주어야만 회의가 시간과 에너지 낭비로 흐르는 것을 막을 수 있다.

저축은행 경력 4년차인 여직원 M씨는 회의 소집 공고를 보자마자 이렇게 투덜댔다.

"하나마나한 회의는 왜 한다는 거야? 어차피 직원들 의견은 반영하지도 않을 거면서. 그냥 서로 편하게 문서로 돌리면 안 되는 거야?"

그녀는 항상 되풀이되는 일이라며 "결국은 매달 신규 고객을 몇백 명씩

모아 오라는 지시를 내리기 위해 회의를 하는 것이 분명해요."라고 말했다. 경영진의 지시 사항을 전달할 목적으로 회의가 소집되면 시간이 아깝다는 생각만 든다는 그녀는 자신의 부장은 매번 여직원들이 어떤 말을 해도 귀담아 듣지 않고 중간에 자르고는 이미 결정된 대로 통보하는 식의 회의를 진행한다고 했다. 그런데 이상한 것은 남직원들은 그런 식의 회의 진행 방식에 큰 불만이 없다는 것이다.

남자의 언어 구조는 다른 사람의 말을 듣고 마음이나 행동을 바꾸지 않는다. 회의도 일의 우선순위와 업무 배정 정도만 알려 주면 충분하다고 생각하기 때문에 나머지 발언들은 무시하는 행동을 하는 것이다. 반면 타인의 의견을 구하고 내 의견도 반영시켜야만 회의다운 회의를 했다고 여기는 여직원들은 회의가 통보나 업무 배정만으로 끝날 바에는 문서로 돌리는 것이 낫다고 생각한다.

아직은 수적으로나 직위상 열세인 여직원들이 남직원에 비해 직장 회의에 대한 불만이 많을 수밖에 없다. 하지만 여성 인력이 점차 중요해지고 있기 때문에 각 회사에서는 여직원들이 회의에 대해 긍정적으로 생각하고 능동적으로 참여하게 만들어야 한다. 그렇지 않고서는 경쟁력 우위를 확보할 수 없다.

물류 회사 경력 7년차인 여직원 J씨는 이렇게 말했다.
"제가 일하고 있는 소비자 상담 부서는 80%가 여직원이에요. 하지만 어떤 회의를 해도 남자 부장이 자기 멋대로 결론을 내 버려요. 몇 안 되는 남직원은 여자 상급자가 발언을 하고 있는데도 휴대폰을 만지작거리거나 옆 사람과 잡담을 해요. 회의를 진행하는 부장은 여직원들이 진지한 발언을 하면 말을 너무 길게 한다며 결론을 듣기도 전에 중간에 툭 자르기 일쑤고요. 며칠 전에는 우리 회사에 대량 물류 정규 발송을 맡긴 중요한 고객사에 상품이 잘못 배달되어 고객 센터에 클레임이 걸렸어요. 그래서 그 문제로 회의가 열렸죠. 그런데 부장과 남직원들은 사고의 원인은 따져 볼 생각도 하지 않고 어떻게 해결할지 결론이나 내자며 소리를 지르고 야단법석만 떠는 거예요. 제가 답답해서 '더 이상 그런 일이 발생하지 않도록 이번 기회에 근본 원인부터 찾아서 해결해야 하는 것 아닐까요?'라고 말하니 부장이 '이미 지나간 일의 잘잘못을 따져서 뭐 할 거야? 해결책부터 찾자.'라고 말하며 제 의견을 무시하더라고요. 참석자들의 말을 무시할 거면 회의를 대체 왜 하는 건가요? 그냥 알아서 결정하고 지시를 내리면 될 것을."

물론 여자 상사를 모시는 남자 직원들도 상사의 회의 진행 방식이 마음에 들지 않는 것은 마찬가지이다. 상사가 회의를 너무 질질 끌어 업무 시간을 빼앗긴다는 것이다.

광고 회사 경력 2년차인 남직원 K씨는 남자 상사를 모셨던 신입 사원 때는 회의 시간이 지루하거나 싫은 적이 거의 없었다. 하지만 여자 상사를 만난 후부터는 회의에 참석하는 것이 매우 괴롭다고 했다. 회의 중에 여자 상사가 "어떻게 생각해?"라고 묻고는 대답할 시간을 충분히 주지 않고 다른 주제로 넘어가 그녀가 진짜 자신의 생각을 묻는 것인지, 왜 그런 질문을 하는 것인지 알 수 없어 당혹스럽다는 것이다.

  남자 상사를 모실 때는 업무의 우선순위를 결정하고 업무 분배를 하면 대체로 회의가 빨리 끝났다. 하지만 새로 부임한 여자 상사는 회의 중에 잡담 수준의 말들을 주고받으려고 하고, 여직원들도 합세하여 시시콜콜한 수다들을 쏟아냈다. 그러한 분위기가 좀처럼 이해가 되지 않는 K씨는 회의를 하는 내내 지루하고 괴로워 자리를 박차고 나가고 싶다고 했다.

  여자는 오랜 관습으로 직설적인 표현을 불편해한다. 그러다 보니 말이 길게 늘어지기 쉽다. 그럼에도 그 말 속에서 '아! 그래서 그런 말을 하는 것이구나.', '나에게 그 일을 맡으라는 것이구나.'라고 핵심 내용을 금세 알아차린다. 그리고 상대방에게도 직설적으로 말하기보다 스스로 해야 할 일을 파악하도록 해 주는 것이 예의 바른 소통법이라고 생각한다.

  그러나 남직원들은 다르다. 여직원이 회의 중에 "거의 끝나 간다.", "자세한 것은 다음에⋯⋯."와 같은 추상적인 말을 하면 정확한 의미 해석이 되지 않아 답답하다고 말한다. 남자들이 이 문제를 해결하려면 정확히 알아듣지 못하고도 알아들은 척하지 말고 정중하게 질문하여 명확하게 확인한 뒤 넘어가는 것이 좋다.

  상대방이 "자세한 것은 다음에⋯⋯."라고 말하면 "이번 주 금요일 오후 2시 정도면 정확한 내용을 알게 되겠죠?"라고 물어 원하는 답을 얻고, 상대방이 "거의 끝나 간다."라고 말하면 "80% 정도 끝난 건가요?"라고 물어 일의 진행 상황을 파악해야 한다.

여자들은 가급적이면 발언 내용을 축약하여 핵심 위주로 말하고, 상대방이 질문을 던지면 자세하게 설명하는 방식으로 말해야 회의 발언권에 힘을 실을 수 있다고 생각한다. 회의 중에 다른 사람이 발언을 끊지 못하도록 결론을 먼저 말한 뒤 그에 대해 자세히 설명하면 회의 중에 느끼는 불편함이 어느 정도 해소될 수 있다.

Solution

여자

실용적인 언어와 직설적 표현에 익숙한 남자들은 회의는 일의 우선순위 배분 정도로 끝나도 괜찮다고 생각한다. 그리고 회의 중에 지나치게 길게 설명하는 것을 불필요하게 여긴다. 발언을 하고 있는데, 남직원이 귀를 기울이지 않거나 도중에 발언을 중단하면 속상해 할 것이 아니라 남자들이 알아들을 수 있는 언어로 명확하게 결론을 말하고, 그 다음에 여자의 장점을 살려 정보를 압축해서 설명하면 여자도 충분히 회의를 장악할 수 있다. 남자 부하에게는 회의 중에 뜻 없는 부가 질문을 삼가고 의견을 구하고자 하는 부분을 직설적으로 표현해야 좋은 의견을 끄집어낼 수 있다. 무엇보다 회의를 주제하는 여자는 회의 시간 엄수, 비본질적 발언 통제 등에 신경을 써야 남자 참석자들에게 프로다운 리더로 대접받을 수 있다.

남자

과정 중심의 표현법에 익숙한 여자 동료나 상사, 부하가 회의 도중에 너무 길게 혹은 추상적으로 발언한다고 해서 "도대체 뭘 하라는 거지?"라고 불평하거나 중간에 툭 잘라 버리는 무례한 행동을 해서는 안 된다. 그럴 때는 "그러니까 문제의 원인을 규명해 보라는 말씀인가요?"처럼 핵심 의도를 콕 찍어 다시 질문해서 그녀 스스로가 발언을 마무리하도록 유도하는 것이 좋다. 그 문제에 대한 마무리 발언을 하면 이성 직원들 간의 효율적인 회의를 이끌어 낼 수 있다.

의사 전달은 항상 상충하는 연관과 독립의 욕구를 조정하는 과정이다.

누구나 이 두 가지 욕구를 다 가지고 있지만

여자는 연관의 욕구가 상대적으로 더 강하고, 남자는 독립의 욕구가 더 강하다.

자신의 의도를 말하지 않더라도 이해하는 것은 연관을 강화해 준다.

그 때문에 여자는 구체적인 설명을 꺼리고, 남자는 정확한 지시어를 선호한다.

_데보라 태넌(Deborah Tannen)

▲

데보라 태넌 : 미국 조지타운 대학의 언어학과 교수이자 베스트셀러 작가. 남녀 대화법에 있어서 세계적인 대가로 인정받고 있다. 사랑하는 남자와 결혼했다가 이혼한 경험을 바탕으로 남녀 대화법 관련 책을 여러 권 출간했다. 특히 《그래도 당신을 이해하고 싶다》, 《내 말은 그게 아니야》 는 남녀 대화 차이의 본질을 쉽게 이해할 수 있도록 도와준다.

section

02

지시

She > 직설적 지시는 모욕이다
He > 직설적 지시만이 절대 복종을 부른다

직장에서의 지시어는 리더십의 바로미터이다. 이는 직원들의 업무 능률과도 직결된다. 업무를 할 때는 신속하고 바른 결정이 필수이다. 그런데 지시어가 정확하게 전달되지 않으면 업무 진행 방향이 어긋날 수 있고, 잘못된 업무 수행으로 중복 처리를 하게 되어 시간과 에너지, 감정을 낭비할 수도 있으며, 심지어 관계를 해칠 수도 있다.

지시어는 남녀 간의 대화에서도 상당히 중요하다. 이성의 지시어 성격에 대해 잘 알지 못하면 오류를 범하고 갈등을 발생시키기 쉽다. 이미 오랫동안 급박한 상황에 대처하기 위해 직설 화법을 사용해 온 남자들의 지시어는 대체로 단도직입적이다. 그래서 알아듣기는 쉽지만 직설 화법에 낯선 여자는 남자에게 하대 받는 듯한 기분이 들어 큰 상처를 받을 수도 있다.

반면, 결과보다 자세한 설명에 익숙한 여자들은 대체로 우회적이고 장황한 지시어를 사용한다. 여성들의 지시어에는 군더더기가 많아 단순하고 직설적인 언어 사용법에 익숙한 남자들은 여자의 말 속에서 핵심 의미를 찾기 어렵다고 하소연하곤 한다.

최근 여성들의 직급이 높아지면서 여자 상사를 모시는 남직원들이 상사의 지시어를 제대로 파악하기 어렵다며 불만을 쏟아낸다. 여자들의 지시어가 복잡해서 단순히 의견을 구하는 것인지, 자기 생각을 그냥 넋두리하는 것인지, 진짜 실행을 요구하는 것인지 구분하기가 어렵다는 것이다. 예컨대 남자 상사는 "오늘 오후 2시까지 보고서 제출하세요.", "이번 달 실적은 15% 정도 올리세요."라고 지시하는 반면, 여자 상사는 "보고서가 한 번도 제때 올라온 적이 없군요. 빨리 끝내세요."라고 말해 단순히 보고서 제출이 늦은 것을 꾸짖는 것인지, 일을 빨리 끝내라는 것인지 구분하기가 어렵다.

가장 당황스러운 것은 한꺼번에 여러 지시를 내리는 것이라고 한다. 남자들은 오랫동안 급박한 상황에서 일회성의 간결한 지시를 주고받는 생활을 해 왔다. 그로 인해 한 번에 하나의 지시만 소화할 수 있는 사고 모드가 구축되어 있어 한꺼번에 여러 개의 지시를 받으면 힘들어한다.

반면에 남자 상사와 일하는 여직원들은 "일일이 지시하지 않아도 알아서 잘 처리할 수 있는데, 기분 나쁘게 명령 투로 일일이 지시하니 나를 믿지 못하는 것 같아 기분이 좋지 않다."라고 불평한다. 여자들은 남자들에 비해 아기 돌보기, 요리하기, 청소하기 등 여러 작업을 동시에 처리해 온 경험이 많아 여러 지시를 단번에 소화할 수 있는 능력이 갖추어져 있다. 그로 인해 남자들이 한 번에 하나씩 지시를 내리면 어린애 취급을 하는 것 같아 기분이 상할 수 있다.

그렇다면 왜 여자들은 무언가를 지시한 후에 불필요하게 상대방의 의견을 묻거나 부연 설명을 덧붙이는 것일까? 여자들은 예부터 솔직한 표현을 엄격하게 금지당해 왔다. 남자들은 수천 년간 사냥, 이웃 부족과의 전쟁 등을 통해 가족을 부양했지만, 여자는 위험한 일로 먹을 것을 구해 오는 남자에게 생존을 의탁하며 살았다. 남자의 일은 워낙 위험해서 정서적 불안을 야기하면 상해를 입어 최악의 경우, 온가족이 굶어 죽을 수도 있었다. 그래서 여자들은 남자가 일터에서 돌아오면 최대한 정신적 안정을 취할 수 있도록 싫은 소리를 삼가야 한다는 교육을 받았다. 중요한 의견이라 해도 남자가 기분 상하지 않게 우회적으로 말하도록 훈련받아 온 것이다. 이 과정에서 여자에게는 우회적 표현법과 상대방의 기분이 상하지 않도록 조심스럽게 말하는 사고 모드가 형성되었다.

또한 여자들은 남편이 집을 비울 경우 돌발적으로 발생할 수 있는 도적이나 다른 부족, 맹수 등의 침입으로부터 가족을 보호해야 하기 때문에 문제가 발생했을 때 도움을 요청할 이웃과의 유대 관계도 끈끈하게 유지해야 했다. 이때도 직설적인 표현보다는 우회적인 표현이 유용했다. 이 때문에 여자들은 원하든 원하지 않든 자신의 입장보다 상대방의 입장을 우선적으로 고려하고 상대방이 싫어할 내용의 말은 가급적 우회적으로 표현하는 언어 사용 모드를 갖게 되었다.

현대의 직장에서 상사가 된 여자들도 이처럼 오래된 언어 모드가 사라지지 않아 자신의 지시어에 상대방이 기분이 상하지 않을지 우려하여 불필요하게 상대방의 의견을 묻거나 부연 설명을 덧붙이는 것이다. 남자들의 불평이나 위협으로는 여자들의 원초적인 언어 사용법을 고칠 수 없다. 남녀 성비가 균형을 이룰수록 남자들도 여자들의 지시어 사용 습관을 이해하고 해독하는 노력을 해야 상생할 수 있다.

최근 약 한 세기 동안 전 세계의 여성들이 사회로 몰려나와 남자들과 나란히 외부 경제활동에 참여하기 시작하면서 남녀 언어 사용법의 차이가 좁혀지고 있다. 이는 유전적 요인이 아닌 환경적 요인이어서 생활환경이 변하면 언젠가는 또다시 변하게 되어 있다.

그러나 변화의 시간이 오래 걸리기 때문에 현재로서는 여전히 오래된 언어 모드 차이가 존재한다고 보아야 한다. 게다가 현대의 직장도 고대 로마 시대 군대의 조직과 운영 방식을 그대로 차용하여 지시, 보고, 회의, 발표, 심지어 잡담까지도 남자들의 언어가 유리한 구조로 되어 있다. 직급이 올라갈수록 지시를 내릴 일이 많고, 지시를 받는 사람이 즉각 알아들을 수 있는 직설법이 여전히 유용하다. 여성 특유의, 한꺼번에 여러 가지 주제를 소화하는 언어 사용법은 상당히 불리하다.

여직원이 직장 생활에 잘 적응하기 위해 남자 언어 사용법을 따라 하는 경우가 많다. 그러나 억지로 따라 하는 것에는 한계가 있다. 근원적으로 이성의 언어 사용법을 이해하고 그것에 맞추어 통역할 줄 알아야 남자들의 상사가 되어도 그들을 제대로 통솔할 수 있다.

대기업에 다니는 경력 5년차인 남직원 L씨. 최근에 그의 상사로 여자 과장이 부임했다. 그녀는 직원들과 친해지고 싶다며 L씨에게 종종 사적인 심부름을 시켰다. 그런데 "커피 좀 타서 가져다 줘."라는 지시어 대신 "커피 좀 마시면 안 될까?"라고 말해 당황스러웠다. 그는 요즘은 부하 직원들이 상사의 커피 심부름을 싫어해 배려 차원에서 그러는 것 같기는 하지만 차라리 "커피 한 잔 가져다 줘."라고 말하면 알아듣기 쉬울 것 같다고 했다. 여자 상사의 지시가 더욱 당황스러운 것은 사무실에서 공개적으로 "어제 데이트는 어땠어? 여자 친구랑 어디 가서 뭐 먹었어?"처럼 사적인 일들을 캐묻는 것이다. 전임 남자 상사는 사적인 질문이 있으면 "우리 담배 한 대 피울까?"라고 말하며 휴게실이나 복도로 데리고 나와 말할 수 있도록 배려해 주었는데, 여자 상사는 사적인 일까지 공개적으로 말하도록 분위기를 조성해 일부러 망신을 준다는 기분을 떨칠 수 없다고 한다.

남자들은 오랫동안 공과 사를 구분하며 살아왔기 때문에 사적인 내용을 공개하는 것에 거부감이 강하다. 여자 상사는 남자들의 그런 언어 습관을 인정하고 지시는 분명히, 한 번에 한 가지만, 유대를 위한 사적인 사연 묻기는 비공개적으로 하는 배려가 필요하다.

반면 여직원들은 남자 상사들의 지시어가 너무 직설적이어서 상처를 많이 받는다고 한다. 남자들의 지시어가 여자들에게 상처를 줄만큼 직설적인 이유는 무엇일까? 대한민국 남자는 일정 나이가 되면 특별한 이유가 없는 한 군대에 입대한다. 군대에서는 선임이 똥을 된장이라고 우겨도 "맞습니다. 된장입니다."라고 복창해야 할 정도로 상관의 지시에 무조건 복종해야 한다.

남자들은 원시시대부터 철저한 서열로 나뉘어 상명하복에 길들여진데다가 군대까지 가서 상명하복의 미덕을 더욱 뼛속 깊이 새기고 사회로 나왔다고 보면 된다. 그런 남자들이 직장에서 상관의 '지시'를 어떤 의미로 여길지는 남자 특성을 모르는 여성들도 어렵지 않게 짐작할 수 있을 것이다.

그러나 여성의 두뇌 속에는 상사의 직설적 지시에 무조건 복종한다는 언어 사용 모드가 없다. 그래서 남자 상사의 직설적인 명령어에 '남자라는 이유만으로 여자인 내가 복종하라고 권위를 내세우는 것이다.'라는 오해를 하게 된다. 여자들은 일방적 지시어보다 공감을 끌어내 동의를 받고 부탁하는 언어에 익숙해 남자들이 자세한 설명을 생략하고 지시를 내리면 인지 부조화의 불쾌감에 빠져 분노를 느낀다.

남자 상사가 여직원에게 직설 화법으로 지시하면 많은 여직원이 분노와 불쾌감으로 의욕을 잃어 업무 효율을 저하시킬 수 있다. 요즘에는 남직원 못지않게 유능하고 퍼포먼스가 좋은 여직원들이 많은데, 남자 상사들이 직설적인 지시어로 그런 여직원들의 업무 열의를 막는다면 회사에도 득이 되지 않을 것이다.

남자들은 오랫동안 죽음의 경계선에서 경제활동을 하여 가족들의 생계를 책임졌다. 남자들의 일터는 주로 정글, 숲 속, 바다, 벌판, 전쟁터 등이었다. 불과 1세기 전부터 경제활동 장소가 회사 등 실내로 변했지만 남자 언어 사용법은 원시시대부터의 경제활동 환경의 영향을 받아 돌발 사태에 대한 철저한 대비책을 강구하는 사고 모드가 스며 있다.

그래서 남자들은 업무 진행 상황, 지시 이행 여부 등을 철저히 체크하는 것을 당연하게 생각한다. 그러므로 여직원들은 남자들의 지시나 직설적 지시어를 악의적으로 해석하고 불편해할 필요가 없다. 남자들과 함께 편안하게 상생하는 직장 생활을 하려면 여자와 다른 남자들의 언어 습관을 이해하고 그들의 오랜 사고 모드를 인정해야 한다.

물론 남자들과 전혀 다른 언어 사용법을 가진 여자들은 남자들의 직설적이고 매정한 언어 사용법을 억지로 이해하기 어려울 것이다. 그러나 직장 생활에서 성공하려면 남자들의 지시어를 악의로 해석하지 말고 그들의 오랜 사고 모드임을 인정하고 감정의 동요 없이 바르게 해석하는 태도를 가져야 한다. 그래야만 마음이 한결 편안해질 것이다.

그렇다고 해서 남자들과 똑같은 직설적 지시어를 사용할 필요는 없다. 모든 사람의 머릿속에 '여자는 이렇게 말할 것이다.'라는 기대치가 있기 때문에 여직원이 남자와 똑같이 직설 화법으로 지시하면 남녀 모두에게 반감을 살 수도 있다.

지시 내용은 분명하게, 그러면서도 부드럽게 전달하는 것이 가장 좋다. 남직원은 우회적이고 배려 많은 여자의 언어 사용법을 무조건 답답해할 것이 아니라 여자들이 그런 언어 사용법을 갖게 된 근원적 생리를 이해해야 한다. 지시어의 내용은 정확하게 사용하되, 서술어는 지시어에서 청유형으로 바꿔 사용하는 것이 좋다. 이미 언어 습관이 굳어져 그렇게 하기 어렵다면 여자 언어 사용법을 이해하고, 최소한 눈치만 주지 않아도 여자와의 소통이 한결 편안해질 것이다.

Solution

 여자

남자의 언어는 직설적·목적 중심적 표현이 특징이다. 남자들은 분위기를 좋게 하기 위한 감정 표현과 지시어를 섞어서 사용하면 쉽게 이해하지 못한다. 지시한 후에 "어떻게 생각하세요?"라는 질문을 덧붙여도 헷갈려 한다. 또한 남자들은 오랫동안 공과 사를 구분하는 습관을 길러 유대 관계를 위한 사담이나 지적 등은 공개적으로 하지 않고 사적으로 하기를 원한다. 그리고 남자는 무언가를 할 때 몰입해야만 성과를 거둘 수 있기 때문에 몰입 중일 때는 중요한 지시어도 잘 듣지 못한다. 이럴 경우에는 일을 중지시킨 후에 지시해야 한다. 또한 남자는 간단하고 직설적인 표현법에 익숙하기 때문에 핵심만 정리해서 알아듣기 쉽게 말하는 것이 좋다. 그럼에도 자신의 말이 장황하다고 느껴지면 "지시한 내용을 요약해 보세요." 등의 말로 지시어가 제대로 접수되었는지 확인하는 것도 해결책이 될 수 있다.

 남자

여자의 언어는 우회적 표현이 특징이다. 여자는 말 속에 숨은 의도를 자기 방식으로 재해석해 말의 의미를 해독하는 사고 모드를 가졌다. 그러다 보니 여자와 전혀 다른 남자의 표현은 여자에게 상처를 주기 쉽다. 여자들은 누군가 세세하게 지시를 내리면 무시당하고 있다고 느낀다. 따라서 명령형이 아닌 설명형으로 말하고, "어떻게 생각해?"라는 질문을 덧붙여 상대방의 생각을 반영하고 있다는 것을 보여 주는 것이 좋다. 여기에 "알아서 잘 처리해 줄 것이라 믿어."와 같이 신뢰의 말을 덧붙이면, 기회를 주는 것으로 여겨 더욱 열심히 일한다. 여자들은 상처를 받아도 직설적으로 반응하지 않기 때문에 지시를 할 때 표정을 살펴야 한다. 이때 불만이 읽히면 넌지시 의견을 물어 남녀의 다른 언어 사용법의 차이를 좁혀 나가야 한다.

남자들은 결과에 대해 인정받고 싶어 한다.
칭찬의 말은 결과에 대한 인정의 표현이다.
여자들은 결과를 얻기까지 거친 과정을 알아줄 때
인정받는다고 느끼고 뿌듯해한다.

존 그레이 & 바바라 애니스(John Gray & Babara Annis)

▲
존 그레이 & 바바라 애니스 : 《화성에서 온 남자 금성에서 온 여자》로 세계적인 주목을 받은 존 그레이 박사는 같은 영역의 전문가인 바바라 애니스와 함께 《함께 일해요》를 펴냈다. 이는 직장에서의 남녀 대화 문제점을 파악하고 해결책을 제시한 책으로, 더 이상 직장에서 남녀가 분리되어서는 경쟁력을 가질 수 없음을 깨닫게 해 준다.

section

03

칭찬

She > 칭찬을 받으면 일단 사양하는 것이 미덕이다
He > 칭찬은 감사히 받는 것이 예의이다

한때 "칭찬은 고래도 춤추게 한다."라는 말이 유행했다. 그리고 이제는 너도나도 '이 정도 칭찬은 해 주어야겠지?'라는 생각이 드는지 마음에도 없는 칭찬을 남발하곤 한다. 모든 칭찬이 액면 그대로 해석된다면 좋겠지만 최고의 칭찬도 듣는 사람의 언어 사용법과 해석 코드에 따라 조롱, 모욕, 비난 등의 반대 의미로 해석될 수 있다. 마음이 담기지 않은 칭찬은 오히려 하지 않는 것보다 못하다.

남자들은 여자들이 "예쁘다."라는 칭찬을 무조건 호의적으로 받아들일 것이라고 생각한다. 물론 여자의 미모는 남자의 능력과 같은 비중을 갖는다. 남자들이 능력이 대단하다는 칭찬을 좋아하듯, 대부분의 여자는 예쁘다는 칭찬을 좋아한다. 그러나 여자는 오래전부터 상대방의 표정, 몸짓 등에 나타난 기분을 살피며 상대방이 듣기 싫어하는 말을 삼가고 좋은 말을 하라고 훈련받아 와 지금도 언어 자체보다 몸짓과 눈빛 등에서 상대방의 심리를 읽는 언어 사용 모드가 남아 있다. 따라서 영혼이 담겨 있지 않은 말은 칭찬이 아니라 조롱이나 성희롱으로 해석될 수 있으니 조심해야 한다.

여자는 상대방의 기분을 다치게 할 수 있는 직설 표현을 삼가고 상대방의 태도와 몸짓을 봐 가면서 은유적·우회적 표현을 하여 평화적인 분위기를 만드는 언어 모드를 가지고 있다. 또한 언어 자체의 의미보다 말하는 의도를 자기 방식으로 재해석해 의미를 받아들인다.

그만큼 여자는 마음이 담기지 않은 칭찬을 금세 가려 낼 수 있다. 종종 여자들이 이유 없이 화를 낸다고 불평하는 남자들이 있다. 하지만 여자는 남자와 달리 상대편의 마음을 읽는 능력을 가지고 있어 상대방의 몸짓이나 표정에서 화낼 이유를 발견했기 때문에 화를 내는 것이지 이유 없이 화를 내는 경우는 없다. 그저 그 이유를 남자가 발견하지 못했을 뿐이다.

300여 명의 종업원을 둔 중견 기업의 남자 사장 V씨는 이렇게 말했다.
"새로 채용한 여비서에게 예뻐졌다고 칭찬을 해 주었어요. 그런데 반응이 시큰둥하지 않겠어요? 사실 외모는 평범하지만 일을 똑 부러지게 잘해서 여자들이 좋아하는 '예쁘다.'라는 말로 칭찬을 해 준 것인데, 반응이 신통치 않아서 살짝 당황했어요. 전에 있던 여직원은 예쁘다고 칭찬해 주면 얼마나 좋아했다고요."

그러고는 이렇게 투덜거렸다.
"도대체 여직원들은 어떤 칭찬을 해 줘야 좋아하는지 잘 모르겠어요. 심지어 집사람도 내가 칭찬해 주면 기뻐하기는커녕 화를 낼 때가 많아요. 화내는 이유도 설명하지 않고 무서운 표정을 지으면 잘못한 것도 없는데 괜히 주눅이 들게 돼요."

이처럼 많은 남자가 여자의 언어보다 의도를 먼저 파악하는 언어 사용법을 몰라 혼란을 겪는다. 남자는 직설적으로, 간결하게 말해 급박한 상황을 순발력 있게 대응하도록 훈련받아 왔다. 그 결과, 직설 표현과 사전적 해석, 결과 중시의 고지식한 언어 사용 모드가 구축되었다.

언어는 사고방식과 연동된다. 남자의 언어 사용법처럼 남자의 사고방식도 고지식하다. '여자는 예쁘다고 말하면 좋아한다.'라는 고정관념을 갖게 되면 상대방 여자의 성격, 처한 환경, 직위 등에 따라 "예쁘다."라는 말이 각기 다르게 해석된다는 점을 고려하지 못해 성적 비하 의미로 오해받기 쉽다. 대체로 여자는 마음이 담기지 않은 말을 들으면 이런 생각을 한다.

'내가 여자라고 무시하는 거 아니야?'

'왜 마음에도 없는 말을 하는 거지? 혹시 나를 성적 대상으로 보는 것은 아닐까?'

'혹시 내가 예쁘지 않다고 저런 식으로 놀리는 거 아니야?'

남자가 여자에게 오해받지 않고 "예쁘다."라는 말을 칭찬다운 칭찬으로 전하려면 약간의 요령이 필요하다.

"오늘 착용한 스카프가 머리카락 색과 잘 어울려요."

"오늘 착용한 브로치가 피부색과 잘 어울려요. 피부가 정말 좋네요."

이처럼 그녀가 예쁜 이유를 구체적으로 덧붙이는 것이 좋다. 미모에 자신이 없는 여성에게 막연히 "예쁘다."라고 칭찬하면 여성은 조롱을 당했다고 생각할 수 있다. 여자들은 스카프, 브로치 등 자신이 선택한 패션 소품이 잘 어울린다는 칭찬을 들으면 타고난 미모보다 후천적인 안목을 칭찬하는 것으로 해석하여 웬만하면 기쁘게 받아들인다.

또 한 가지, 여자는 칭찬을 받으면 일단 사양부터 해서 칭찬한 사람을 무색하게 하기도 한다. 그러나 이것은 관습적인 태도이니 여자가 칭찬을 사양해도 당황하거나 흔들릴 필요가 없다.

증권회사의 남자 부장 S씨는 여직원에게 "이번 실적 대단해. 정말 잘했어."라고 칭찬을 해 주었는데 여직원이 너무 강력하게 손사래를 치며 "아니에요. 어쩌다가 그렇게 된 거지, 제가 잘해서 그런 게 아니에요."라고 부인해 상당히 민망했다고 한다. 그 후로 그녀가 좋은 실적을 올려도 칭찬하는 것을 망설이게 된다고 고백했다.
이는 S씨뿐 아니라 많은 남자 상사가 겪는 어려움이다. 칭찬을 했는데 상대방이 너무 강하게 부인을 하면 '내가 말을 잘못했나?'라는 생각이 들어 기분이 썩 좋지 않다고 말하는 남자가 많다.

여자는 태고 때부터 잉태와 출산이 주 임무여서 수천 년간 종족 보존 차원에서 정절을 지켜야 할 의무를 지고 살았다. 남자의 달콤한 말에 쉽게 호응하면 헤픈 여자로 찍혀 공동체에서 쫓겨나기도 했다. 지금은 많이 달라졌지만 여자의 사고 모드에는 남자의 달콤한 말에 쉽게 흔들리면 안 된다는 오래된 관습이 남아 있어 타인의 칭찬을 받으면 일단 사양함으로써 유혹에 흔들리지 않는 자신을 증명하려는 경향이 높다.

그러나 여자도 남자와 똑같은 사람이다. 여자 역시 남자 못지않게 칭찬받기를 좋아한다. 단지 칭찬을 덥석 받지 말라고 훈련받아 왔기 때문에 일단 관습적으로 사양할 뿐이다. 따라서 여직원이 칭찬받기를 사양한다고 해서 탁월한 성과를 냈음에도 칭찬을 해 주지 않으면 여직원은 '일을 잘하면 뭐해. 다 소용없어.'라는 생각으로 업무 의욕이 감퇴될 수 있으니 조심해야 한다.

여자는 칭찬을 받으면 일단 사양을 하고, 남자는 칭찬받을 일을 했는데 칭찬을 받지 못하면 스스로 자랑을 해서라도 칭찬을 유도할 만큼 칭찬받는 것을 좋아한다. 남자는 빈말 칭찬이라도 들어야 자신감이 생기고 성장 동력을 얻는다.

그런데 남자들은 직설 표현에 익숙해 여자들의 우회적 언어 사용법대로 추상적인 칭찬, 칭찬 후의 잔소리 덧붙이기 등의 칭찬을 미흡하게 여긴다.

여자 상사가 남자 부하를, 아내가 남편을, 어머니가 아들 등을 칭찬하려면 그가 한 일을 콕 찍어서 정확한 말로 칭찬해야 칭찬다운 칭찬으로 받아들인다. 아들을 훌륭하게 키워 낸 현명한 어머니와 남편을 능력 있는 남자로 만드는 아내들의 공통점은 아들 또는 남편의 사소한 업적도 구체적인 내용을 거론하며 칭찬을 아끼지 않는다는 것이다. 탁월한 칭찬은 끊임없는 성장 동력을 만들어 준다.

남자는 원시시대부터 사냥, 전쟁 등 즉각 측정이 가능한 경제활동을 해 왔다. 그로 인해 지금도 자신이 이룬 성취를 누군가가 분명히 살피고 인정해 주기는 바라는 사고 모드가 강하게 남아 있다. 그래서 현대의 남자들도 작은 성취라 해도 주변에서 칭찬해 주지 않으면 의기소침해지고 자신감을 잃는 경우가 많다.

그러나 남자들을 자주 칭찬해서 기를 살려 주더라도 칭찬할 때 주의할 점이 있다. 남자는 말을 액면 그대로 해석하고 자기에게 유리한 내용은 부풀리는 경향이 강하다. 칭찬이 과장되거나 인색해도 부작용을 일으킬 수 있는 것이다. 남자는 여자가 칭찬을 우회적으로 표현하기 위해 '잘했다'라는 단어를 빠뜨리면 인색한 칭찬으로 받아들인다. 따라서 잘한 일을 명확하게 꼬집어서 칭찬해 주는 것이 좋다.

그러나 칭찬 말미에 추상적이고 과장된 표현을 덧붙이면 자신의 능력을 과장해 지나치게 우쭐해져서 불편한 상황을 만들 수도 있으니 주의해야 한다. 예컨대 컴퓨터를 잘 다루는 남직원이 급박한 순간에 다운된 컴퓨터를 재빨리 살려 냈을 때의 칭찬은 "컴퓨터가 갑자기 다운되어서 모두 걱정했는데, ○○씨가 이렇게 빨리 문제를 해결해 줘서 너무 고마워." 정도면 충분하다. 만약 "정말 대단해. 자기는 컴퓨터 천재야. 다음에도 컴퓨터 다운되면 자기가 책임져." 등의 사족을 덧붙이면 자기가 최고의 컴퓨터 전문가라고 착각하고 컴퓨터로 인한 문제만 생기면 참견하여 오히려 불편을 초래할 수 있다.

남자 후배 또는 부하 직원이 이전에 비해 보고서를 잘 썼다면 "오늘 보고서 정말 좋았어. 미리 제출해 줘서 검토할 시간도 충분했어." 정도의 칭찬이면 충분하다. 그런데 꼭 이런 식으로 말하는 사람이 있다.

"앞으로도 오늘처럼 보고서를 잘 써서 신속하게 올리면 내가 매일 업고 다닐 텐데."

"보고서를 이렇게 잘 써서 빨리 제출하니 얼마나 예뻐. 내일부터 ○○씨의 보고서는 신경 쓰지 않아도 되겠어."

이와 같은 과장된 칭찬은 상대방을 우쭐하게 만들어 이후에 보고서를 작성할 때 열정을 다하지 않을 수도 있다. 이처럼 남녀의 서로 다른 언어 사용법을 이해해야만 당사자에게 통하는 제대로 된 칭찬을 할 수 있는 것이다.

Solution

여자

남자는 언어 의미를 고지식하게 해석하는 언어 사용 모드를 가져 칭찬을 거부하거나 사양하면 진짜로 칭찬받기를 싫어하는 줄 안다. 남자의 칭찬을 받으면 적절히 사양하는 척하면서 곧바로 감사하게 받아들이는 것이 좋다. 또한 남자는 자신의 작은 성과에도 칭찬을 해 주지 않으면 섭섭해한다. 손아래 남자라면 실망해서 의기소침해질 수도 있다. 작은 성과도 빼놓지 않고 구체적인 말로 칭찬하면 남편, 남자 부하직원, 남동생, 아들 등을 유능하게 만들 수 있다. 단 칭찬이 과장되면 자기 능력을 부풀릴 수 있으니 잘한 일을 콕 찍어서 칭찬하는 것이 중요하다.

남자

여자는 언어 의미보다 말하는 의도를 자기 방식으로 파악해서 받아들이는 언어 모드를 가졌다. 여자들이 모두 좋아할 것 같은 "예쁘다."라는 칭찬도 마음이 담겨져 있지 않다면 성희롱, 무시하기 등의 행동으로 오해받을 수 있다. 이때는 "예쁘다."라는 막연한 칭찬보다 무언가로 인해 더 예뻐 보인다는 식으로 칭찬하는 것이 좋다. 여자는 결과를 중요시하는 남자와 달리 과정을 중요시한다. 직장에서 여직원이 업무적으로 탁월한 성과를 냈을 때도 "잘했다."보다 "고생 많았다.", "수고 많았다."라고 칭찬해 주는 것이 좋다. 여자는 칭찬을 덥석 받아들이면 가벼워 보인다는 관념이 누적적으로 유전되어 있어 칭찬을 받으면 일단 사양해서 자신이 지조 있는 여자임을 증명하려는 경향이 있다. 그러나 이는 오래된 관습일 뿐, 칭찬을 사양한다고 해서 칭찬받는 것을 싫어하는 것은 아니다. 행동과 다르게 속으로는 매우 기뻐할 테니 난감해할 필요 없다.

여자들은 동굴에서 다른 가정의 여자, 어린아이와 함께하는 집단생활에 익숙하며 그 방식을 토대로 진화해 왔다.

여자들이 유대 관계 구축과 긴밀한 인간관계를 위해 베푸는 것은 생존의 문제였다.

그래서 여자들은 타인을 위해 눈치껏 배려하는 것을 당연시한다.

남자들은 언덕이나 강가에서 조용히 움직이는 물체를 포착해서 먹거리를 구해 가족을 부양했다.

용건 없이 말하면 움직이는 물체를 놓치기 쉬웠다.

남자는 배려도 용건으로 보고 말해야 알아듣고,

말하지도 않았는데도 베푸는 배려는 불필요한 것이라고 느낀다.

바바라 & 앨런 피즈(Babara & Ellen Pease)

▲

바바라 & 앨런 피즈 : 보디랭귀지의 세계적인 권위자인 남편 앨런 피즈와 아내 바바라 피즈가 함께 집필한 《거짓말을 하는 남자, 눈물을 흘리는 남자》는 남녀 대화법의 차이를 명확하게 짚어 주어 많은 사람의 공감을 이끌었으며, 전 세계적인 베스트셀러가 되었다. 이 책은 기혼 부부의 사례를 중심으로 남녀 대화의 특성에 대해 다루었다.

section

04

배려

She > 배려는 눈치껏 알아서 해야 한다
He > 요청하지 않은 배려는 간섭이다

직장은 다양한 개성을 가진 사람들의 집단이다. 따라서 공동생활 속에서 부딪히는 일이 많을 수밖에 없다. 평화와 활력을 잃지 않으려면 개개인의 많은 양보가 필요하다. 보통 공동생활에 필요한 양보를 '배려'라고 한다. 그러나 그것은 '배려'라기보다 '매너'이다.

배려와 매너에는 약간의 차이가 있다. 예컨대 매너는 공동생활에서 지켜야 할 최소한의 자기 통제이다. 덥다고 해서 사무실에서 옷이나 양말 등을 훌렁훌렁 벗지 않는 것, 자기가 마신 음료수 잔을 빨리빨리 치워 쾌적한 환경 유지에 동참하는 것, 사람들이 다니는 통로에 개인 물건을 두지 않아 통행을 방해하지 않는 것, 업무에 방해가 될 만한 소음을 내지 않는 것, 사적인 전화 통화가 타인들에게 들려 신경 쓰이지 않게 하는 것, 음식이나 담배 등의 냄새로 불쾌감을 주지 않는 것, 주변 사람들의 양해 없이 창문을 열거나 닫아 타인을 불편하게 만들지 않는 것 등은 공동생활에 반드시 필요한 '매너'이다.

그러나 배려는 매너에 비해 한 차원 높은 자기희생이다. 배려에는 약간의 희생이 필요하다. 혼자 무거운 짐을 옮기는 사람을 도와주는 것, 억울하게 야단맞고 있는 사람을 욕먹을 각오로 변호해 상황을 조기 종료시켜 주는 것, 부하 직원이 약간의 사규를 어겼지만 인간적으로 이해하고 살짝 눈감아 주는 것 등이 '배려'에 속한다.

배려는 공동생활에서 반드시 지켜야 할 공중도덕이라기보다 내가 조금 희생해서 상대방의 어려움이나 불편함을 덜어 주어 인간관계의 유대를 높이는 행동에 가깝다. 그러나 배려는 칭찬만큼 주관적이다. 당사자가 원하지 않는데 알아서 베푸는 배려는 자칫 간섭과 소외시키기, 무시, 잔소리 등 오히려 반대 의미로 해석되어 갈등을 유발할 수 있다.

특히 남녀 간에는 사고방식과 언어 사용법이 달라 배려에도 오해의 소지가 많다. 심할 경우 배려를 테러로 받아들여 감정적 대립 상태를 만드는 사람도 있다. 남자는 여자가 원하는 배려, 여자는 남자가 원하는 배려의 범위와 방법을 알아야 한다. 어떻게 베풀었을 때 상대방이 고마워하는지를 알아야 상황에 맞는 배려다운 배려를 베풀 수 있다.

대체로 여자들은 원하지 않는 배려를 베푼 뒤, 상대방이 그것을 알아주지 않으면 섭섭해한다. 여자들은 굳이 말로 표현하지 않아도 상대방이 무엇을 필요로 하는지 파악할 수 있다고 믿는다. 그래서 굳이 요청하지 않아도 알아서 베풀어야 한다는 사고 모드를 가지고 있다.

그런데 이성의 취향, 사고방식, 욕구는 사람마다 다르고 매우 복잡하다.

따라서 뛰어난 직감을 가졌다 해도 이성이 원하는 배려를 베푸는 것은 상당히 어렵다. 그 때문에 종종 남자들이 여자의 원하지 않는 배려를 과잉 친절, 당연히 남자에게 베풀어야 할 미덕 정도로 여겨 귀찮아하거나 고마워하지 않아 그것을 베푼 여자를 화나게 해서 갈등으로 비화되기도 한다.

무역 회사 경력 3년차인 여직원 E씨. 최근에 그녀보다 한 살이 많은 남직원이 후배로 입사했다. E씨는 남직원이 너무 숫기가 없어 보여 배려를 해 주어야겠다고 생각했다. 그가 빠르게 회사에 적응할 수 있도록 도와주어야 할 것 같은 의무감이 생긴 것이다. E씨는 그가 어색해 하지 않도록 자주 말을 걸어 주었다. 그러나 마땅한 대화 소재가 없다 보니 저절로 개인사를 묻게 되었다.

그러자 남직원의 표정이 점차 싸늘해졌다. E씨는 남자의 싸늘한 표정을 몇 차례 포착한 뒤 그가 자신의 배려를 무시한다고 생각했다. 사람의 생각은 한 번 방향을 틀면 그 쪽으로 빠르게 달리는 법이다. E씨의 머릿속에는 점차 '지금 내가 여자고 자기보다 나이가 어리다고 무시하는 거야?'라는 생각이 가득 찼다. 그로 인해 점차 남직원을 차가운 눈으로 보게 되었고, 관계가 어색해졌다. E씨는 남직원이 회사에 잘 적응할 수 있도록 배려해 준 것인데, 자신의 배려를 이유 없이 거부한 것에 대해 심한 배신감까지 느꼈다고 말했다.

그러나 남직원의 말을 들어보니 입장이 달랐다. 그는 이렇게 말했다.

"그 여직원은 만난 지 얼마 안 된 제게 사생활을 너무 꼬치꼬치 캐물었어요. 그러니 불편하지 않겠어요. 아직 그분에 대해서 제대로 알지도 못하는

데, 회사 선배라는 이유로 개인적인 이야기까지 다 털어놓아야 하나요? 요즘은 여자 직장 선배가 남직원을 성희롱하는 사례가 많다고 하던데, 그런 의도를 가진 것은 아닌가 하는 의심까지 들었어요."

이처럼 상대방이 원하지 않는 배려는 엄청난 오해를 낳아 상대방을 편하게 해 주기는커녕 오히려 고통스럽게 만들기도 한다. 요즘에는 직장에 여자 선배나 상사가 많아져 여자 선배의 배려가 오히려 고통스럽다는 남직원을 심심치 않게 볼 수 있다.

방송국에서 근무하는 경력 1년차인 남자 프로듀서 W씨는 태생적으로 몸에 열이 많아 겨울에도 두꺼운 옷을 잘 입지 않는다. 방송국에 입사한 지 얼마 되지 않아 여자 선배가 맡은 프로그램의 촬영 보조가 되어 그녀의 팀과 야외 촬영을 갔다. 야외에서 한창 일을 하고 있는데 여자 선배가 이렇게 야단을 쳤다.
"목을 그렇게 훤히 드러내고 찬바람 쏘이면 큰일 나. 감기라도 걸리면 어떻게 하려고 그래? 일하는 데도 지장이 갈 거 아니야."
그리고 며칠 뒤, 그를 위해 준비했다며 두툼한 목도리를 꺼내 W씨의 목에 둘러 주었다. 그는 괜찮다고 극구 사양했지만, 여자 선배는 '미안해서 사양하는 거겠지?'라고 생각했는지 막무가내였다. 그러나 W씨에게 목도리는 상당히 거추장스러웠다. 너무 덥고 간지러워 괴롭기까지 했던 W씨는 목도리를 슬그머니 빼놓았다. 그러자 여자 선배가 귀신같이 눈치채고 이렇게 쏘아붙였다.

"왜 내가 준 목도리 안 해? 사람 성의 무시하는 거야?"

W씨는 결국 다시 목도리를 두르고 더위와 싸워 가며 일해야 했다. 그는 고개를 저으며 이렇게 말했다.

"왜 여자들은 괜찮다고 말하면 믿지 않고 자기 결정대로 해 주기를 바라는 걸까요?"

여자는 예부터 가족을 위해 목숨을 걸고 경제활동을 하는 남자의 심기를 건드리면 가족의 생계가 위협받을 수 있으니 그의 몸짓과 표정 등을 보고 그가 불편해하는 것을 소리 없이 해결해 주어야 한다고 훈련받아 왔다. 따라서 타인의 심리를 파악하고 알아서 배려해야 한다는 사고 모드를 갖게 되었다.

그러나 남자들은 타인의 심리를 관찰해서 불편함을 파악하는 훈련을 받을 필요 없이 살아 왔기 때문에 알아서 배려한다는 것은 생각조차 하지 못한다. 그래서 상대방이 배려해 줄 것을 원하면 말로 요청하고, 상대방도 그럴 것이라고 생각한다. 그래서 누군가가 자신이 요청하지 않은 배려를 해 주면 귀찮게 생각하거나 배려가 아닌 당연히 받아야 할 대접으로 여기기도 한다.

남자의 그런 속성을 잘 알지 못하는 여자들은 남자가 자신이 베푼 배려에 대해 "괜찮다. 안 그래도 된다."라고 말하면 자기처럼 필요는 하지만 일단 사양하는 것으로 간주하고 배려를 거두지 않고 밀어붙인다. 그런데 남자가 자신이 베푼 배려를 고마워하지 않으면 마음이 상해 상대방을 괘씸하게 생각하는 경우가 많다.

직설 화법 사용 모드를 가진 남자의 '괜찮다.'는 '그런 배려는 필요 없으니 귀찮게 하지 말고 나 좀 그냥 내버려 둬.'라는 의미의 진짜 거절이며, 배려에 반응이 없는 이유는 배려를 배려로 구분하지 못해서인 경우가 대부분이다. 타인이 원하지 않는 배려는 그만두는 것이 오히려 이성 간의 평화 유지에 도움이 된다.

오래전부터 남자는 정해진 일만 순서대로 처리하면 되었기 때문에 타인의 심리를 파악하는 훈련이 전혀 되어 있지 않다. 여자들은 자신의 심리를 파악하여 알아서 배려해 주기를 바라지만 남자들은 대체로 그런 바람을 눈치채지 못한다. 여자들은 남자들의 이러한 특성을 알지 못해 남자가 알아서 배려해야 할 상황에서 모른 척하면 괘씸하게 생각한다.

직장에서 후배 남자 직원이 청소를 돕지 않으면 "내가 혼자 사무실 청소를 하고 있으면 신참이 알아서 도와야 할 것 아냐? 꼴에 남자라고 손도 까딱 안 하는 거야? 대체 배려심이라고는 손톱만큼도 없어!"라며 화를 낸다. 또한 기혼 커플의 경우 명절날 남편이 아내가 시댁에서 노동에 시달려 죽을 지경인데도 눈길 한 번 주지 않고 일가친척들과 희희낙락하면 "눈치 없는 남자! 배려라고는 조금도 할 줄 모르는 남자!"라며 분노한다. 여자는 남자가 자신의 힘든 처지를 헤아려서 배려해 주기를 원하지만 남자는 그런 것에 익숙하지 않아 무관심해서 생기는 갈등이다.
여자는 남자들이 타인의 상황이나 처지를 살펴 배려할 만한 능력이 여자에 비해 한참 떨어진다는 점을 인정하고, 남자가 알아서 배려해 줄 거라는 기대는 애초에 접는 것이 좋다.
 남자는 여자들이 알아서 베풀 듯 여자도 남자가 알아서 배려할 것을 기대한다는 점을 염두에 두고, 이럴 때 나라면 무엇을 필요로 할지 생각해 보고 공동생활을 하는 파트너 여자들에게 필요한 것이 무엇인지를 묻는 정도로만 배려해도 여자들과의 대화가 편안해질 것이다.

Solution

여자

남자는 타인의 심리를 제대로 파악하지 못한다. 그래서 누군가가 자신에게 배려를 원하면 말로 요청할 것이라고 생각한다. 남자는 자신이 원하지 않는 배려는 귀찮아하고, 고마워하지도 않는다. 남자에게 원하지 않는 배려는 배고프지 않은데 억지로 먹을 것을 더 얹어 주는 것, 몸에 열이 많아 더워 죽겠는데 바깥 날씨가 춥다며 두꺼운 담요를 덮어 주는 것과 다를 바 없다. 남자에게 배려의 개념은 본인이 요구를 하면 그 범위 안에서 베푸는 것이라고 생각하는 것이 좋다. 남자에게 배려를 하려면 자신이 베푼 배려에 대한 보상을 기대하지 말아야 한다. 그래야만 관계가 멀어지지 않는다.

남자

여자는 자신보다 타인을 먼저 생각하는 경향이 강해 타인의 심리를 자기 방식으로 파악해서 무언가를 알아서 제공하는 배려가 몸에 배어 있다. 그러다 보니 상대방의 의견을 묻지 않고 자기 마음대로 선물을 하거나 주변 정리를 해 주고 고마워하기를 바란다. 그러한 여자의 배려가 싫어 거절하면 여자들은 자신이 거부당한 것으로 해석하고 매우 섭섭해한다. 여자 상사, 동료 등이 호의를 베풀었는데 받아들이기 거북하다면 결과보다 과정을 중시하는 여자의 언어 사용법에 맞춰 싫은 이유를 명확하게 밝히고 우회적으로 거절하는 것이 좋다. 여자 언어 사용법을 이해하면 여자들이 기본 매너를 상당히 중요하게 생각한다는 것을 알 수 있을 것이다.

비즈니스에서의 뜻 모를 언어들은 대부분 남성적인 경험에서 유래했다.
직장 여성들은 그러한 용어를 정확히 듣고 해석할 줄 알아야만
직장 내의 대화에서 오가는 깊은 뜻과 의미를 놓치지 않을 수 있다.
직장에 여자들이 많아지면서 남자들도 여자의 언어를 제대로 알아들어야만
깊은 뜻과 의미를 놓치지 않게 될 것이다.

_클라우디아 크바이저-폴(Claudia Quaiser-Pohl)

▲
클라우디아 크바이저-폴 : 독일의 심리학자.《남자는 왜 직접 차를 몰고 여자는 왜 함께 타는가?》를 통해 남녀 대화 문제를 다루었다. 다소 어렵지만 남녀 차이를 깊이 있게 연구하려는 사람에게 도움이 될 만한 책이다.

section

05

성과

She > 성과를 냈다면 상대가 자연스럽게 알아줄 것이다

He > 성과는 말하지 않으면 사라질 수도 있다

직장인의 업무 성과는 진급과 직장 내 위상, 파워 등을 결정한다. 직장마다 성과 측정 방법이 다르지만 성과를 측정하는 상사가 내 성과를 제대로 파악하지 못하면 성과가 없는 것과 같다. 불행하게도 상사는 체크하고 챙길 일이 많아 부하 직원들의 세세한 성과를 자세히 파악할 수 있는 시간과 정신적 여유가 없다. 따라서 본인 스스로 상사가 알 수 있도록 넌지시 알리는 것이 현명하다.

　　단 상사의 취향, 성향, 성별, 문화 등에 따라 성과를 알리는 코드가 맞지 않으면 잘난 척, 생색내기, 지나친 공치사로 비쳐 오히려 역효과를 낼 수 있으니 조심해야 한다. 특히 남녀 성비가 비슷한 요즘에는 남녀의 서로 다른 언어 사용법을 이해하지 못하면 좋은 성과를 내고도 제대로 인정받도록 어필하지 못해 억울한 상황에 처하기 쉬우니 각별히 신경 써야 한다.

　　여자 언어 사용법은 칭찬 등 타인의 찬사가 마음에 들어도 일단 거절을 하듯 잘한 일을 생색내는 것도 불편해한다. 여자는 '오른손이 한 일을 왼손이 모르게 하라.'라는 성경 내용처럼 말 없이 베풀기를 요구받아 와 잘한 일도 내색하지 않는 것을 미덕으로 여긴다.

최근에 남녀의 성 경계가 약화되어서 조금씩 남녀 언어 사용법 차이가 좁혀지고는 있지만 여전히 여성적 교육에 충실한 가정교육을 받으며 자란 여자들은 자기가 이룬 업적을 드러내 놓고 알리기를 꺼린다. 이런 태도를 취하면 직장에서 탁월한 성과를 내고도 동일 직급 또는 직상급 남자 직원에게 공로를 빼앗기는 등의 불이익을 당하기 쉽다.

직장은 대부분 대형 프로젝트를 여러 사람이 공동으로 맡아 처리한다. 하나의 프로젝트를 여러 사람이 배당받으면 마치 한 사람이 처리하는 것처럼 매끄럽게 처리해야 직장 전체의 업무 능률이 극대화된다. 그러나 상사는 프로젝트가 시작되고 업무 분담을 마치면 개개인의 업무 수행 기여도를 체크할 겨를이 없다. 대개 전체 흐름만 보게 된다. 상사가 남자일 경우, 남자의 사고 회로에는 사소하지만 중요한 일을 누가 더 열심히 하는지 눈치채는 사고 모드가 없어 실제로는 가장 큰 공헌을 한 사람도 결과의 수치가 나오지 않으면 제대로 평가받지 못할 수 있다.

직장 업무는 대체로 실적이 수치로 나타나지만 축구 경기에서 골을 넣는 선수에게 도움을 주는 것처럼 실적 수치를 높이는 데 중요한 역할을 하는 조력자가 대단히 중요하다. 그러나 상사는 수치로 결과를 보여 주는 사람을 챙기기에도 바빠 조력자의 존재를 알아서 인지하기 어렵다. 자신이 강력한 조력자였다면 자신의 도움으로 그런 수치적 결과가 나왔음을 상사가 알아들을 수 있는 말로 알려야만 공로를 인정받을 수 있다.

직장의 이러한 구조적 특성은 말없이 묵묵히 일만 열심히 하는 것을 미덕으로 아는 여성들에게 불리하게 작용한다. 그러므로 직장에서 불이익을 당하지 않으면서 자기 성과를 알리는 방법을 개발해야 한다. 물론 잘난 척으로 보여 미움받지 않도록 유의해야 한다.

스포츠용품 유통회사에서 15년째 일하고 있는 여자 팀장 A씨는 50명 남짓의 직원이 근무하는 소규모 회사에서 일하고 있다. 그녀는 타고난 성실성과 사장의 호의에 힘입어 사장 못지않은 주인의식을 가지고 열심히 일했다. 회사 실적을 높이기 위해 무보수 야근도 자발적으로 자주 했다. 그녀는 회사 발전에 기여하는 것이 회사원의 기본 덕목이라고 생각했다.

A씨와 함께 일해 본 주변 사람들은 그녀의 태도를 높이 평가하며, 마땅히 부장으로 진급해야 한다고 생각했다. 그녀 역시 은근히 자신의 진급을 기다렸다. 그러나 결과는 달랐다. 자신보다 1년 늦게 입사한 두 명의 남직원만 진급자 명단에 이름을 올렸다. 진급 후보자 셋 중 그녀만 누락된 것이다. 누가 보더라도 진급한 두 남자의 근무 태도는 그녀보다 좋지 않았다. 그들은 맡은 업무만 대강 끝내고 인터넷 서핑으로 시간을 때우기 일쑤였고, 틈만 나면 회사 불평을 늘어놓았다.

A씨는 평소 자신에게 살갑게 굴던 사장이 자신의 공은 제쳐 주고 능력이 떨어지는 남직원들을 먼저 진급시킨 것에 대해 심한 배신감을 느꼈다. 나는 그녀의 이런 이야기를 들은 후에 상사에게 자신이 진급에서 누락된 이유를 물어보라고 조언했다. 이에 그녀는 "괜히 그런 말로 관계가 나빠지는 것보다 제가 조금 참는 게 나을 것 같아요."라고 대답했다. 그리고 이렇게

덧붙였다.

"직원들 보기가 너무 창피해요. 업무 지시를 내리는 것도 민망해요. 아직 우리나라에서 여자가 성공하는 것이 어려운 것 같아요."

그러나 사장은 생각이 달랐다. 사장은 내게 이렇게 말했다.

"A씨는 한 번도 진급에 관한 말을 한 적이 없어요. 그래서 진급에는 관심이 없는 줄 알았죠. 야근을 자주 하는 것은 알았지만 낮에 할 일이 끝나지 않아 늦게까지 남아 처리하는 줄 알았어요. 진급 욕심을 가졌다면 평소에 나에게 의사를 표현하지 않았겠어요?"

남자는 다른 사람의 속사정을 미루어 헤아릴 줄 모른다. 말로 표현해야만 비로소 '그렇구나.'라고 깨닫는다. 우리나라에는 여전히 여성 차별이 존재한다. 그러나 남자의 고지식한 언어 사용법을 알고 자기를 어필하는 방법을 찾아 상사에게 자신의 성과를 적극적으로 알리면 지금까지 받았던 차별 대우를 특별 대접으로 바꿀 수 있다.

남자들은 자기가 잘한 일을 말로 표현해서 성과를 적절히 평가받아야만 서열이 올라간다는 것을 체득해 왔다. 공동체 안에서의 서열은 능력의 지표였다. 이러한 환경 조건에 익숙한 남자들은 직장 안에서 자신의 사소한 업적까지 과장될 정도로 알리는 것을 망설이지 않는 편이다. 외부 경제활동 주체가 남자들이었던 기간이 워낙 길었기 때문에 자기 성과를 스스로 알리는 남자들의 언어 사용법이 현대의 직장 생활에서도 단연 유리하다.

최근에는 자신의 성과를 숨기는 것에 익숙한 여자가 사회로 나와 고위직까지 차고 올라가는 경우가 많다. 여자를 상사로 두었다면 미움을 받지 않고 성과를 알리는 방법을 터득해야 한다. 자신의 성과를 노골적으로 알리는 것에 익숙하지 않은 여성에게 과하게 자신을 어필하려고 하면 오히려 거부감이 생길 수 있다.

대형 로펌의 여자 변호사 J씨는 최근에 주니어 파트너로 진급했다. 그런데 다른 팀에서 자원해 온 남자 변호사 때문에 머리가 아프다고 했다. 윗사람에게 자신을 홍보하느라 정작 맡은 일은 소홀히 한다는 것이다. J씨는 아직 직접 일을 하면서 배워야 하는데, 어렵고 복잡한 일은 다른 사람에게 미루고 성과만 차지하려고 하는 그를 얄팍한 사람이라고 평가했다. J씨는 자신이 그의 업무 성과를 자세히 파악하고 있는데도 자신의 업무에 대해 과장되게 말하는 것이 도무지 이해되지 않는다며 그를 절대 신뢰할 수 없다고 말했다.
"그가 제 소속 팀원이기는 하지만 오너 급 시니어 파트너들의 신임이 두터워요. 이런 상황에서 대놓고 지적해 줄 수도 없고……. 너무 답답해요."

말 자체의 의미보다 의도 파악을 더 중요시하는 여자들은 허풍, 공치사, 과장된 자기 홍보 등을 싫어한다. 여자 상사를 둔 남직원들은 이 점을 고려해야 한다. 여자는 결과보다 과정 설명을 중요하게 생각하기 때문에 여자 상사에게는 일의 처리 과정을 자주 의논하며 슬그머니 자기 성과를 알리는 방법이 잘 통할 것이다.

Solution

여자

여자는 표정, 몸짓, 주변 상황 등을 보고 태도의 의도를 파악할 수 있는 눈치를 길러 왔지만, 남자는 여자와 다른 생활 방식으로 살아왔기에 말로 설명하지 않으면 잘 눈치채지 못한다. 또한 남자들은 자기 성과를 열심히 알려 서열을 높여 왔기 때문에 여자가 말로 성과를 알려도 '지나친 공치사를 한다.'라고 생각하지 않는다. 그럼에도 여자들은 사양하는 언어 사용법에 익숙해 자신을 어필하는 것을 어려워한다. 남자 상사에게 중간보고를 열심히 하고 결과에 대한 자기 소회를 밝혀 두는 것으로도 성과 알리기의 효과를 볼 수 있다. 그런 노력 없이 불평만 하면 '투덜이' 이미지만 생긴다. 자기 성과를 수시로 상사에게 어필하는 것 역시 직장인으로서의 중요한 자기 관리 능력이다. 남직원들이 퇴근 후에 상사들과 사적인 술자리를 마련하는 것도 자기 업적 알리기의 노력이라 할 수 있다.

남자

여자는 말 자체보다 말하는 의도 해석을 중요하게 생각한다. 여자들은 남자들이 생각하는 것보다 허풍, 자기 홍보 등에 대한 거부감이 크다. 그리고 여자들은 일일이 말하지 않아도 상대방에 대해 놀라울 만큼 예리하게 파악하는 능력을 가지고 있다. 여자 상사가 이미 남직원의 공을 파악했는데, 자신을 더욱 어필하려고 하면 아부를 한다는 이미지만 강화되어 공이 깎일 가능성이 크다. 여자 상사에게는 가급적 공치사를 삼가고 묵묵히 일하는 모습을 보여 주어야 한다. 그러나 여자 상사도 회사와 부서의 규모가 크면 조직원들의 성과를 일일이 파악하기 힘들다. 그럴 경우에도 상사에게 일의 진행 상황을 설명하고 의논하면서 은근히 성과를 알려야 한다. 여자는 과정을 중요하게 생각하기 때문에 보고를 하는 횟수를 늘리면 효과는 배가될 것이다.

남자들은 사실과 자료를 바탕으로 한 직접적인 표현에 더 긍정적인 반응을 보인다.

그런 표현이 더욱 객관적이고 분명하게 느껴져 해결 방법을 쉽게 찾을 수 있다고 생각하기 때문이다.

반면에 여자들은 직접적이고 부정적인 표현을 불편하게 받아들인다.

남자들은 문제와 자신의 인격을 분리시키지만 여자들은 문제를 자신의 인격과 동일시하기 때문이다.

바바라 애니스(Babara Annis)

▲
바바라 애니스 : 존 그레이 박사와 공동으로 남녀의 대화에 대해 연구하고 있다. 존 그레이 박사와 함께 《함께 일해요》를 출간했다.

section
06

지적

She > 지적은 나쁜 감정의 우회적 표현이다
He > 지적은 단순한 수정 요구이다

이 세상에 타인에게 지적받는 것을 좋아하는 사람은 없다. 사람은 대체로 자기가 잘못을 저지르는 순간 실수했다는 것을 깨닫는다. 그렇지 않아도 실수한 것이 민망한데 눈감아 줄 법한 사람이 잘못을 낱낱이 헤집어 지적하면 '그동안 나를 이 정도로밖에 생각하지 않았구나.'라는 생각에 기분이 상한다.

그러나 지적은 자신은 모르지만 타인에게는 불편한 습관이나 태도 때문에 받는 경우가 많다. 지적을 하는 사람은 대부분 선의로 말을 하는 것이기 때문에 상대방이 지적에 대해 심한 거부감을 보이면 더 이상 말을 꺼내지 않고 속으로만 미워한다. 불편 사항에 대한 지적을 좋지 않게 받아들이면 타인에게 불편을 끼치고도 미안해하지 않는 얌체로 비추어져 인간관계가 끊길 가능성이 있다.

직장 생활에서는 경험을 통해 자기만의 능숙한 일 처리 방식을 터득한 선배들의 지적이 큰 약이 된다. 호의적인 지적은 듣기 거북해도 감정적으로 해석하지 않고 쿨하게 수용해야 다른 사람보다 사회생활을 잘할 수 있다. 물론 '지적'도 남자와 여자의 언어 사용법 차이로 인해 개념과 방법이 달라 선의의 지적을 악의로 해석하여 오해와 갈등이 일어날 수 있으니 이 점을 각별히 주의해야 한다.

여자는 말 자체의 의미보다 말하는 의도를 자기 식으로 재해석해서 받아들이기 때문에 '지적'의 개념도 자신의 잘못된 혹은 타인을 불편하게 만드는 행동이나 태도의 시정 요구가 아니라 트집, 우회적 비난, 감정적 보복 등으로 곡해하는 경우가 많다. 여성성이 강한 여자일수록 타인의 정당한 지적에도 '왜 나한테 트집이지?'라는 불쾌감을 느끼기 쉽다.

그리고 여자들은 직설적 표현을 기피하는 특성을 가지고 있기 때문에 '지적'할 일도 우회적·은유적으로 말해야 한다고 생각한다. 그래서 상대방의 태도 때문에 불편하다 해도 웬만하면 지적을 삼가고, 불이익을 감수한다. 도저히 참을 수 없을 때에만 지적을 한다. 이때도 직접적인 지적 대신 우회적으로 트집을 잡거나 화를 내 상대방을 어리둥절하게 만드는 방법으로 지적하는 경우가 많다.

반면에 남자들은 예부터 순간의 선택과 행동이 성패를 가르는 어획, 사냥, 전쟁 등에 종사해 와 지적을 하려면 직설적으로 해야 한다고 생각한다. 그래서 남자들만 모인 모임에서는 여자들이 들으면 경악할 만큼 심한 돌직구가 오간다. 지적받는 사람도 뒤끝 없이 잘 소화한다.

이런 남녀의 차이 때문에 대부분의 남자는 되도록이면 지적을 삼가고 불편을 감수하다가 더 이상 참을 수 없을 때 우회적으로 지적하는 여자의 태도를 이해하지 못한다. 반면에 여자는 직설 표현으로 딱 부러지게 지적하는 남자의 태도를 타인의 입장을 전혀 고려하지 않는 독한 행동으로 여겨 잘 수용하지 못한다.

외국 기업체에 다니는 남직원 H씨는 최근에 부서 이동으로 자리를 옮겼다. 그런데 옆자리의 여직원에게서 풍기는 향수 냄새 때문에 업무에 몰입하기가 힘들었다. 그래서 그녀에게 다가가 정중하게 말을 건넸다.
"향수 냄새가 진해서 머리가 아프네요. 앞으로는 조금만 덜 뿌리시면 안 될까요?"
그녀는 예전부터 향수로 인해 많은 사람에게 지적을 받았다. 하지만 그녀는 자신의 잘못을 인정하기는커녕 무슨 상관이냐며 목소리를 높였다. 그래서 최근에는 그녀에게 대놓고 지적하는 사람이 없었다. H씨는 그런 상황을 알지 못해 직설적으로 지적한 것이다.
사무실 직원들은 그녀의 반응을 흥미진진하게 지켜보았다. 그녀는 동료들의 예상대로 H씨에게 화를 냈다. 그녀의 히스테리에 질린 H씨는 이렇게 말하며 여자 전체에 대한 적대감을 드러냈다.
"예전에도 여자와의 소통에서 비슷한 경험을 한 적이 있어요. 여자들은 왜 정당한 지적을 해 주는데도 고칠 생각은 하지 않고 화부터 내는지 모르겠어요. 사실 지적은 남자보자 여자가 더 많이 하지 않나요?"
남자는 대체로 지적에 자의적인 의미를 보태거나 빼지 않고 이렇게 해석한다.

'아! 상대방이 나의 이런 태도가 마음에 안 드니 고쳐 달라는 것이구나.'

그리고 정도에 따라 "죄송합니다."라고 사과하거나 "저는 원하시는 방식대로 고치기가 힘든데 이렇게 하면 어떨까요?"라고 말하며 적당한 선에서 협상하여 사건을 조기에 종료시킨다.

그런 남자들이 아내 혹은 연인의 "밥 먹을 때 TV 좀 보지 마.", "집에 좀 일찍 들어와.", "양말을 벗으면 방바닥에 던져 두지 말고 세탁기에 좀 넣어." 등의 지적을 수용하지 않고 고치지 않는 이유는 여자의 지적이 너무 반복적이고 즉각적인 태도 변화를 요구해 지적이라기보다 잔소리로 여기기 때문이다.

남자는 지적을 받은 뒤 행동을 고치기까지 일정 시간이 필요하다. 그런데 시간을 주지 않고 무조건 독촉만 하면 지적한 사람이 자신의 행동 변화까지 바라지 않는 것으로 단정하여 지적이 아닌 잔소리로 해석한다.

남성성이 강한 남자들은 여자가 독촉을 하면 자신의 자아를 개조시키려는 강압적 행위로 해석하고 불쾌해한다. 그러한 특성 때문에 지적을 받으면 곧바로 수용하거나 빠르게 시정이 어려울 경우 "차츰 시정하겠습니다."라고 말하며 상황을 종료시킨다. 그런데 아내나 연인 등이 반복적으로 같은 사안을 지적하면서 시정할 시간을 주지 않으면 자존심이 상해 지적을 무시하고 같은 일을 반복하여 상대방을 애태운다.

또한 남자들은 직설 화법에 익숙해서 여자가 우회적으로 지적하면 뭘 어떻게 하라는 것인지 알아듣지 못하기도 한다.

활발한 성격에 나름 정의파로 알려진 경력 5년차 남직원 K씨. 겉으로 보았을 때는 여직원들에게 인기가 많을 것 같은데, 실제로는 여직원들의 적이라는 소문이 자자해 호기심을 가지고 만나 보았다.

K씨가 여직원들에게 적이 된 것은 심한 지적질 때문이었다. 그는 야한 옷차림의 여직원을 보면 어김없이 이렇게 말했다.

"○○씨, 오늘 옷차림이 멋지긴 한데 회사에 올 때는 좀 얌전한 옷을 입는 것이 낫지 않을까? 조그만 움직이면 허리가 다 보여."

그리고 지각을 해서 들킬까 봐 조마조마해 하고 있는 여직원에게는 이렇게 말했다.

"출근 시간은 무조건 지켜야 하는 거 아닌가요? 그렇게 지각을 하면 윗사람들이 뭐라고 생각하겠어요. 앞으로는 업무 시간 최소 10분 전까지는 도착할 수 있도록 해 주세요."

이와 같은 그의 지적 때문에 상처를 받은 여직원이 한둘이 아니었다. 그런데 K씨와 대화를 나눠 보니 그는 자신의 지적이 여직원들에게 상처가 된다는 사실을 전혀 모르고 있었다. 그는 이렇게 말했다.

"저는 도움이 되었으면 하는 마음으로 그런 말을 한 것뿐이에요."

말 자체보다 상대방의 의도를 자기 방식으로 재해석하는 것을 더욱 중요하게 생각하는 여자들은 자신을 염려하고 아끼는 마음으로 지적을 해 주어도 자기가 짐작하는 왜곡된 의도로 재해석하여 불쾌하게 생각하기도 한다는 사실을 말해 주자 K씨는 상당히 당황했다. 그는 그런 사실을 전혀 알지 못했다며 앞으로는 신중하게 말해야겠다고 했다.

재미있는 것은 여자들은 타인에게 직설적인 지적을 받는 것을 싫어하면서도 가족, 애인 등 가까운 사이의 남자들에게 거침없이 지적을 퍼부어 그들의 생각과 태도까지 개조시키려고 하다가 불화를 일으키는 일이 많다는 점이다.

결혼 적령기를 넘겨 부모님을 뵙기 민망하다는 남자 동료에게 "밤마다 그렇게 술을 마셔대니 여자가 안 생기지. 세상에 어떤 여자가 너처럼 술 좋아하는 남자를 좋아하겠니?"라고 말하거나 체중을 걱정하는 남편에게 "제발 운동 좀 해. 뱃살이 이게 뭐야. 점점 더 나오는 것 같아."라고 말하며 뱃살을 잡아당기는 등의 기분 나쁜 방법으로 지적하는 여자들이 있다.

이럴 경우 대부분의 남자는 웃으면서 다른 화제를 꺼내 상황을 바꾸려고 한다. 그러한 지적이 불쾌하기는 하지만 남자다움이 손상되는 것이 두려워 참고 넘기는 것이다.

많은 어머니가 공부하다가 잠깐 쉬고 있는 아들에게 이렇게 말하곤 한다.

"너는 하라는 공부는 안 하고 왜 그렇게 멍하게 앉아 있는 거야?"

그리고 친구와 중요한 일로 통화를 하고 있는 딸에게 이런 식으로 말하는 어머니도 있다.

"그렇게 매일 전화기만 붙들고 있으니 성적이 그 모양이지! 그럴 시간 아껴서 공부하면 서울대에 가겠다."

이처럼 비난을 곁들인 지적을 서슴지 않고는 "나도 그러고 싶어서 아이들을 닦달하는 것이 아니에요. 아이들의 미래를 위해서 어쩔 수 없이 쓴소리를 하는 거예요."라고 말하며 자신을 정당화시킨다.

그러나 아들이든 남편이든 동료이든 부하 직원이든 남자는 자신이 수용할 만한 정당한 지적은 쿨하게 받아들이지만 자기의 고유성과 독립된 자아를 개조시키려는 의도가 엿보이는 지적은 비난이나 잔소리로 여겨 절대로 받아들이지 않는다. 남자는 원래부터 타인의 영향으로 자신의 남성성을 잃는 것을 강력하게 거부해 왔다.

Solution

여자

남자들은 예부터 목숨을 건 경제활동을 해 와 지적받은 점을 즉각 시정하지 않으면 목숨을 잃을 수 있다는 강박관념을 안고 살아왔다. 그리고 지적을 할 때는 강한 어조로 말해야 한다는 사고 모드가 구축되었다. 대부분의 남자는 무언가를 지적받으면 핑계를 대지 않고 쿨하게 수용한다. 그러나 인격 모독적인 표현을 하거나 시정할 시간을 주지 않고 같은 사안을 반복해서 지적하면 상대방이 자신의 정체성을 개조하려는 의도를 가진 것으로 보고 강력하게 거부한다. 따라서 남자에게 지적을 할 때는 시정할 수 있는 시간을 주고 가급적 같은 말을 반복하지 않는 것이 좋다. 남자는 생각보다 마음이 약해 잘못을 일일이 지적받으면 기가 죽어 자신감, 의지, 열정을 잃기 쉽다. 상대방의 기를 죽일 생각이 아니라면 "이것만 고치면 더 좋을 텐데."처럼 희망적인 언어로 지적하는 것이 좋다.

남자

말 자체보다 말하는 의도를 자기 방식으로 상상해 상황을 예측하는 여자들은 지적을 받으면 단순한 시정 요구로만 해석하지 않고, 대체로 비난을 우회적으로 표현한다고 단정하여 분노한다. 따라서 여자에게 지적할 일이 있으면 직설적인 표현은 삼가고 감정이 다치지 않도록 우회적으로 하는 것이 좋다. 또한 여자는 옷차림이나 화장법, 향수 취향 등을 극히 여성적인 프라이버시 영역으로 보기 때문에 남자에게 지적을 당하면 모욕감을 느끼기도 한다. 여직원의 행동이 눈에 거슬러도 웬만하면 지적을 삼가고 눈감아 주는 것이 상책이다. 만약 너무 진한 향수 냄새로 인해 곤욕스럽다면 "제가 향수 알레르기가 있나 봐요. 향기가 참 좋긴 한데 자꾸 콧물이 나와서……."라고 말하며 자기 문제인 것처럼 언급하면 여자는 알아듣고 시정한다.

자신이 바라거나 생각하는 바를 말했는데
상대방이 동의하지 않는다면
대화는 불화를 일으킬 수밖에 없다.

데보라 태넌(Deborah Tannen)

section

07

주장

She > 강한 주장은 우기는 것이다

He > 약한 주장은 자신감의 결여이다

직장은 각기 다른 개성과 능력을 가진 사람들이 모여서 자기주장을 가급적 많이 관철시켜 자기 의도대로 프로젝트를 성공시키고 경쟁력을 높여야만 보람을 느낄 수 있는 곳이다. 그리고 끝없는 경쟁 구도가 형성되어 있어 동료, 상사, 후배 등에게 자신이 뜻하는 바를 관철시켜야 불이익으로부터 자신을 보호하고 성취감을 높일 수 있는 곳이다.

　　너무 자기주장만 내세우면 이기적으로 보여 미움을 받기 쉽지만, 이성이 수용할 수 있는 주장 표현 요령을 터득하면 미움을 받지 않고 동의 받기 어려운 주장도 웃으면서 관철시킬 수 있다. 주장도 남녀의 서로 다른 언어 사용법에 따라 말하는 방법과 해석 방법이 다르기 때문에 이성의 주장 표현법을 정확히 알아야 좋은 성과를 얻을 수 있다.

　　남자들은 직설 화법에 익숙하기 때문에 그들에게 주장할 때는 간결하지만 핵심이 분명하게 드러나도록 말해야 귀담아 듣는다. 반면 우회적 표현에 익숙한 여자들은 직설적으로 핵심만 말하는 주장은 우기기, 억지 쓰기 등으로 해석하여 분노할 수도 있다.

또한 여자는 상대방을 우선적으로 배려하는 성향을 가지고 있어 주장을 할 때도 우회적으로, 그것도 머뭇거리며 하는 경우가 많다. 남자는 여자가 머뭇거리며 무언가를 주장하면 자신감 결여로 단정하고 무시할 가능성이 크다. 그런데 여자는 자신의 주장이 그런 식으로 타인에게 공격당하면 심한 상처를 입는다. 남자는 여자에게 주장할 때 직설 표현을 가급적 완화하고, 여자는 가급적 직설 표현을 많이 사용해야 접점에서 만나 정당한 주장의 관철이 쉬워진다.

IT 기업에서 근무하는 여자 부장 M씨는 수억 원대의 수주가 걸린 경쟁 PT를 준비하느라 몇 달 동안 밤샘을 하며 자신의 모든 것을 쏟아부었다. 회사에서는 최고의 인재라고 평가받고 있는 두 명의 남직원을 지원해 주며 큰 기대를 표했다. 그런데 발표 하루 전날, 직속 상사가 윗선에서 발표자를 남자로 바꾸도록 지시했다는 통보를 해 왔다.

M씨는 당연히 프로젝트 책임자인 자신이 발표할 것이라 생각하고, 완벽하게 준비를 마쳤는데, 회사 측에서 그러한 통보를 해 상당히 섭섭했다. 게다가 발표자를 남자로 바꾼 경위조차 언급하지 않고 결과만 통보한 것이 좀처럼 이해가 되지 않았다. M씨는 "왜 제가 준비한 프로젝트 발표를 막는 것입니까? 대체 이유가 무엇입니까?"라고 따져 묻고 싶었지만, 드센 여자로 찍히는 것으로 끝날 것 같아 입을 다물었다.

결과는 어땠을까. 갑자기 경쟁 PT 발표를 맡은 남직원은 제대로 준비를 하지 못해 심하게 깨졌고, 결국 계약을 체결하지 못했다. 그제야 직속 상사는 "M부장, 이 프로젝트에 대해 가장 명확하게 알고 있는 사람이 자네인데, 끝까지 발표를 하겠다고 주장했어야 하는 것 아닌가?"라며 오히려 책임을 전가했다. 그리고 "은근히 발표에 자신이 없었던 것 아닌가?"라는 의심의 말까지 덧붙였다. M씨는 직속 상사의 발언에 큰 충격을 받고 며칠 동안 고민한 끝에 회사에 사직서를 제출했다.

회사 측은 여자 언어 사용법을 몰라 청중이 모두 남자인 점만 고려하여 갑자기 발표자를 남직원으로 교체하고 그에 대해 담당자인 M씨에게 제대로 설명해 주지 않았다. 그리고 M씨가 그에 대해 반론을 제기하지 않자 발표에 자신이 없었던 것으로 간주함으로써 귀중한 인재를 잃었다. M씨 역시 당당하게 주장할 수 있는 순간을 놓쳐 끝까지 책임을 다하지 못한 이미지를 남기고 오랫동안 몸담았던 회사를 떠나게 되었다.

직장에서 승승장구하는 사람들을 보면 남녀 불문하고 무거운 책임이 뒤따르는 상황에서도 당당하게 그리고 관철 가능한 방법으로 자기주장을 펴는 능력이 탁월하다. 어려운 상황에 굴하지 않고 명료하게 자기주장을 펴면 적어도 두 가지 점에서 유리하다.

첫째, 경영진이 자신이 그 일을 해야만 성공할 수 있다는 주장을 받아들이지 않더라도 '혹시 그 일을 추진하는 데 자신감이 결여되어 있었던 것은 아닐까?'와 같은 의심을 품지 않게 할 수 있다. 둘째, 만약 주장을 관철시키고 그 일을 성공적으로 끝내면 직장 내 입지가 단단해질 것이고, 실패를 하더라도 경영진에게 그 분야에 대한 자신감만큼은 부각시킬 수 있으니 손해 볼 것이 별로 없다.

우리나라의 직장은 여전히 상명하복 문화가 짙게 깔려 있어서 "남자들도 책임이 뒤따르는 주장은 피하려고 하는데, 여직원이 자기주장을 들이밀면 드세다는 비난을 받지 않을까?"라며 부정적으로 보는 사람이 많다. 그러나 사람은 상대방의 말이 옳다고 판단되면 상황 때문에 일단 화는 내더라도 그가 옳은 말을 했다는 사실을 깊이 인식한다. 그래서 그 사람의 인상을 오래 기억했다가 중요한 순간에 기용할 가능성이 크다. 큰 책임이 따를수록 자신감 넘치는 용기 있는 주장을 펴면 더욱 깊은 인상을 남길 수 있는 것이다.

직장에서 주장에 실패한 사례를 보면 주장이 사실에 근거한 논리적인 전개가 아니라 감정을 앞세워 우기는 말로 들린 경우가 많다. 사실적이고 정확한 근거로 논리를 내세워 직설적으로 분명하게 그러나 부드러운 목소리로 주장하면 당장은 주장이 결렬되더라도 관계자들에게 그 프로젝트에 대한 자신감은 충분히 증명할 수 있다.

가정 내에서도 자기주장을 포기하고 속으로만 불평하면 자기 의견을 항상 양보하고 남의 의견대로 살아야 한다. 가정은 직계 가족들의 문제뿐 아니라 인척과 관련된 일도 많아 부부 간 그리고 형제 간에 의견이 맞설 일이 많다. 그러나 보통 부부들은 합리적이고 현명한 주장을 펴기보다 상대방이 양보할 수 없는 어떤 일을 강요하고는 상대방이 받아들이지 않으면 화를 내다가 큰 싸움으로 번지기 쉽다.

그런 갈등이 두렵고 귀찮아서 자기주장을 포기하고 다른 가족의 의견대로 살다 보면 자기 욕구가 너무 많이 통제당해 자기도 모르게 내면에 불만이 쌓이고 언젠가는 참을 수 없는 분노가 엉뚱한 곳에서 터져 오히려 가정의 평화가 깨질 수 있다.

감성적인 언어 사용법에 익숙한 여자들은 주장하는 것과 우기는 것을 혼동하기도 한다. 그래서 가정이나 직장에서 아예 자기주장을 포기하거나 반대로 공포감을 조성하면서 위협적인 말로 자신의 의견을 내세워 실패하는 사례가 많다.

세 살 연하의 남자와 재혼한 Y씨는 남편이 친구들을 너무 좋아해서 밤늦게까지 술 마시고 귀가하는 날이 많아 속상하다며 이렇게 말했다.

"제가 술 마시지 말라, 나가지 말라, 강하게 주장해야 그제야 제멋대로 행동하는 것을 조금이라도 자제해요."

하지만 남편은 이렇게 고백했다.

"저는 아내와 다투기 싫어서 잔소리를 피할 뿐이에요. 왜 아내가 화를 내면서 자기주장만 옳다며 무조건 따르라고 하는 건지 잘 모르겠어요."

여자가 남자에게 자기주장을 관철시키려면 감정을 절제하고 사실 중심으로, 직설적인 언어로 부드러우면서도 명료하게 말해야 한다. 반대로 남자가 여자에게 주장을 펼 때는 과정을 중시하는 여자의 언어 사용법에 맞추어 주장의 경위부터 설명한 뒤 주장하는 바를 말하는 방식으로 표현해야 주장을 관철시킬 가능성이 높아진다.

Solution

 여자

남자는 직설적이고 솔직한 언어 사용법을 사용하기 때문에 여자가 주장을 포기하면 양보한 것으로 여기지 않고 자신감이 결여된 것이라 판단하여 무시하곤 한다. 또한 남자는 상황과 과정 중심으로 설명하면 결론까지 귀담아 듣지 않고 중간에 듣기를 포기한다. 남자에게 주장할 일이 있으면 주저하지 말고 간결하고 분명한 언어로 메시지를 전달해야 관철 가능성이 높아진다. 또한 여자가 자기주장을 포기하도록 강하게 밀어붙이면 쉽게 기가 죽고 의기소침해져 엉뚱한 곳에서 분노를 폭발시킬 가능성이 크다. 자기주장을 펼 기회만큼은 차단하지 않아야 더 큰 화근을 예방할 수 있다.

 남자

직설 화법을 불편해하는 여자는 스스로 주장하는 것과 우기는 것을 혼동하는 경우가 많다. 남자가 주장을 밀어붙이면 여자는 정당한 주장도 힘으로 밀어붙이는 우기기로 단정하고 귀담아 듣기는커녕 불쾌감만 느껴 강력하게 반대할 가능성이 높다. 여자가 받아들이기 어려운 주장을 펼 때는 여자의 과정 중심 언어 사용법에 맞춰 주장을 펴게 된 과정과 배경 등을 자세히 설명하고, 그 다음에 본론을 말하는 것이 좋다. 여자는 주장의 과정을 생략하고 핵심만 말하면 당장은 남자의 파워에 밀려 반항을 삼가겠지만 나쁜 감정이 생겨 언젠가는 다른 방법으로 그때 받은 상처를 보상받으려고 할 수도 있다.

남자와 여자는 이야기를 듣고 기억하는 능력을 서로 다른 영역에서 개발해 왔다.
대체로 여자는 질문으로 관심을 표현하고 확인하지만
남자는 상대방이 하고 싶은 말을 자발적으로 하기를 바란다.
반대의 경우도 종종 있지만 생활 문화 차이로 인해 일반적으로 이렇게 다른 특징을 발견할 수 있다.

_데보라 태넌(Deborah Tannen)

section
08

질문

She > 자기 확신을 위해 질문한다
He > 진짜 모르는 것을 알아내기 위해 질문한다

잔뜩 멋을 부린 여자가 자신을 기다리고 있던 남자 친구에게 "나 살쪘지?"라고 물었다. 이에 남자 친구는 "응. 좀 찐 것 같아."라고 솔직하게 대답했다가 봉변을 당했다. 이와 같은 경험 혹은 유사한 경험을 해 본 남자가 많을 것이다. 최근에는 이런 경우의 대비책이 인터넷 등에 떠돌아 남자들이 봉변을 당하는 일이 조금 줄었다고 한다. 그러나 여전히 "여자들은 왜 질문에 솔직하게 대답해 주면 화를 내는지 모르겠다."라고 말하는 남자가 많다. 이유는 남녀의 언어 사용법 차이 때문이다.

　　　남녀가 생각하는 질문의 개념과 용도는 매우 다르다. 남자들에게 질문의 개념은 '모르는 것을 알고자 묻는 것'이다. 그러나 여자들에게 질문의 용도는 매우 다양하다. 상대방이 나를 어떻게 생각하고 있는지의 확인, 자기 결정에 대한 상대방의 동의, 자신 없는 생각에 대한 확신 등을 위한 용도로 질문을 던진다.

수천 년간 남자들의 선택을 받아 그 남자에게 생계를 의탁하며 살아온 여자들은 가급적 유능하고 능력 있는 남자에게 선택받아야 더 나은 삶을 살 수 있었다. 그 때문에 할머니, 어머니 등 집안의 여자들은 딸, 손녀, 며느리 등에게 남자가 좋아하는 태도와 언행을 교육해 왔다.

이 과정을 통해 여자는 자신의 외모나 생각을 남자에게 확인받아야 안심하는 사고 모드가 생겼다. 그래서 여자는 자신의 태도, 행동, 생각, 결정 등에 대해 상대방에게 확인받고 인정을 받고자 하는 목적으로 질문을 던지는 경우가 많다.

그런데 남자들은 여자들의 이러한 의도를 잘 알지 못해 질문에 솔직하게 대답해야 한다고 생각한다. 많은 남직원이 여자 동료의 질문에 정직하게 대답했다가 관계를 해치게 되었다고 하소연하곤 한다. 직장에서 여자 상사가 "내 생각이 어때?"라고 물어 "저는 그 방법보다는 이 방법이 나은 것 같아요."라고 정직하게 대답했다가 곤욕을 치러 본 남직원은 "도대체 여자들은 왜 자기 질문에 솔직한 대답을 하면 화를 내는지 모르겠어요. 결국은 자기 생각이 맞다고 해 주기를 바라며 질문하는 건가요?"라고 말하며 한숨을 내쉬었다.

경력 3년차인 남직원 T씨는 최근에 대형 주방용품 유통 회사로 이직을 했다. 이 회사는 예전 회사와 다르게 남녀 성비가 7대 3정도로, 여자 직원이 압도적으로 많았다. T씨는 마케팅 부서에 배정되어 부서 내에서 일 잘하기로 소문난 여자 선배 G씨와 함께 신상품 론칭 행사를 맡았다. T씨는 그녀에게 한 수 배울 수 있겠다는 기대감을 가지고 그녀의 의견에 무조건 따랐다. 그녀는 T씨에게 소비자 초청 대형 행사를 제안했다. T씨는 속으로는 행사 규모가 너무 크고 화려하다는 생각을 했지만 남자이고, 그녀는 가정주부이니 여성 소비자들의 심리를 훨씬 더 잘 알 것이라고 판단하고 그녀의 의견을 수용했다. 행사 방법부터 업무 분배까지 주요 일과를 모두 마친 뒤 그녀가 T씨에게 사적인 것으로 보이는 부가 질문을 했다.

"여성 소비자들은 다들 화려하고 요란한 행사를 좋아하지 않나요?"

T씨는 행사 관련 일과는 이미 끝났기 때문에 마음 놓고 "모든 여자가 북적대는 행사를 좋아하는 것은 아닌 것 같아요. 제 아내는 사람 북적이는 곳을 너무 싫어해요."라고 대답했다. 그러자 그녀가 갑자기 입을 다물고 서둘러 작별 인사를 했다.

다음 날, 부서장인 여자 상사가 T씨를 조용히 불러 "이번 행사 진행에서 빠지는 것이 좋겠어요."라고 말했다. 그는 영문을 몰라 어리둥절했다. 여자 상사는 "아무래도 여자들을 위한 상품이니 남자가 여자 소비자들의 마음을 파악하려면 시간이 좀 필요할 것 같아요. 좀 더 배움의 시간을 가진 다음에 투입되는 게 T씨에게 유리할 것 같아요."라고 설명했다.

나를 만난 T씨는 자신이 무슨 잘못을 했기에 프로젝트에서 중도에 잘렸는지 모르겠다고 투덜댔다. 내 생각으로는 G씨가 이직한 지 얼마 안 된 남자 파트너와 마케팅 전략을 짜다 보니 모든 것을 자기 뜻대로 결정한 것이 조금 미안했던 것 같다. 그래서 T씨에게 "괜찮다. 나는 이 회사에 온 지 얼마 되지 않았으니 처음부터 끝까지 당신에게 배워야 한다. 당신의 결정이 탁월하다. 무조건 따르겠다."와 같은 대답을 기대하며 부가 질문을 던졌을 것이다. 그런데 T씨가 예상과 달리 너무 정직하게 대답하자 '이 사람은 속으로는 내 결정을 마음에 들어 하지 않는군.'이라고 단정하고 T씨와 함께 일하는 것이 껄끄러워져 상사에게 파트너 교체를 요구한 것으로 보인다.

 여직원들은 종종 자신의 결정이나 의견에 확신을 갖기 위해 부가 질문을 덧붙이곤 한다. 따라서 여자 상사와 일하는 남직원들은 여자 상사의 "그렇게 하는 게 괜찮지 않을까요?"라는 질문은 "괜찮고말고요.", " 내 생각에는 이쪽이 나은 것 같은데 어떻게 생각하세요?"라는 질문은 "그럼요. 그쪽이 낫지요."라고 대답하기를 바란다는 것을 알아 둘 필요가 있다.
 그러나 사전적 의미대로 소통하는 남자들은 이미 결정이 끝난 일에 대한 부가 질문을 받으면 제대로 된 답을 말해야 한다는 부담감을 갖거나 '나를 못 믿어?', ' 내 능력을 무시해?' 등과 같은 불쾌감을 느낄 가능성이 크다. 자기 확신을 위한 여자들의 부가 질문이 남자들에게는 부정적으로 다가오는 것이다.

 개인 병원을 운영하고 있는 40대 중반의 E씨는 소문난 애처가이다. 하지만 최근에 심하게 부부 싸움을 해 각방을 쓰고 있다고 했다. 그의 아내는 E씨에게 대학 동창의 집들이에 함께 참석했으면 좋겠다고 말했다. 사실 E씨는 병원 직원들의 잦은 교체로 머리가 복잡한 상황이었다. 그러나 그는 복잡한 문제를 티 내지 않고 아내의 요청에 따르겠다고 흔쾌히 대답했다. 아내는 남편이 병원 일로 스트레스를 받고 있는데, 너무 자기 생각만 한 것은 아닌지 미안한 마음이 들어 E씨에게 마음이 바뀌면 언제든지 자유롭게 거절할 수 있도록 배려하는 차원에서 "진짜 갈 거야?"라고 여러 차례 물었다.

그러자 E씨는 아내의 반복적인 질문에 '저 사람이 왜 갑자기 내 결정을 의심하는 거지?'라는 불쾌한 생각이 들었다. 그래서 "간다고 했잖아. 내가 같이 안 간다고 대답하면 좋겠어?"라고 소리를 질렀다. 아내는 평소답지 않은 남편의 모습에 "표정 보니 가기 싫은 것 같아서 물었던 거야. 싫으면 싫다고 말하면 그만이지 왜 화를 내고 그래?"라고 말하며 거칠게 대응했다. 그렇게 시작된 부부 싸움이 커져 두 사람은 누가 화를 더 많이 낼 수 있는지 경쟁이라도 하듯 분노 게이지를 높였다. 그리고 며칠 동안 각방을 쓰게 되었는데, 두 사람 모두 내게 이렇게 말했다.

"화해할 시간을 놓치고 나니 관계가 점점 더 서먹해졌어요."

오랫동안 남자의 선택에 따라 삶의 수준이 결정되었던 여자는 자신이 결정한 일에 대한 상대방의 생각을 알아 두어야 한다는 강박관념을 가지고 있다. 그래서 자기도 모르게 자신에 대한 생각을 확인하기 위해 반복적으로 부가 질문을 하는 것이다. 그러나 남자는 대부분의 결정을 이성적이고 직접적으로 하기 때문에 이미 결정이 끝난 일에 대한 부가 질문을 받으면 자신의 결정에 대해 의심하는 것이라고 해석해 불쾌해한다.

여자는 남자에게 자기 의견의 정당성을 확인하려는 부가 질문을 가급적 삼가고, 남자는 여자의 부가 질문에 대해 부정적으로 생각하지 말아야 한다. 여자의 태도, 결정, 판단, 생각을 지지하는 발언을 해 주면 질문에 대한 남녀의 오해를 예방하고 즐겁게 소통할 수 있을 것이다.

Solution

여자

남자는 이미 결정된 일에 대한 부가 질문을 받으면 자신의 판단력과 능력을 의심받는다고 생각한다. 여자가 듣고 싶은 말을 듣기 위해, 의논을 좀 더 자세히 하기 위해 다양한 용도로 질문할 수 있다는 생각을 거의 하지 못한다. 또한 남자는 질문을 받으면 반드시 정답을 말해야 할 의무감을 느낀다. 남자는 "도대체 왜 그랬어?" 등의 추궁 질문을 받으면 반드시 답변을 해야 하는데, 정확한 답변을 찾기가 어려우면 '나에게 뭘 말하는 거지?'라는 생각을 하며 좌절하고 답변하는 것 자체를 포기한다. 남자는 모르는 것을 알고 싶을 때만 질문한다는 것을 이해하면 남자와의 대화에서 발생할 수 있는 불필요한 갈등을 줄이고 편안한 대화를 할 수 있다.

남자

여자는 자신의 결정, 행동, 태도, 관점 등에 대해 상대방이 어떻게 생각하는지 확인해야 안심하는 습성을 가지고 있다. 그래서 모르는 것을 알기 위해서만 질문하지 않고 상대방의 속마음을 알아보기 위해서도 질문을 한다. 여자가 이미 잘 알고 있는 내용 또는 이미 결정된 일에 대해 부가 질문을 한다는 것은 솔직한 답변을 원하는 것이 아니라 질문한 여자의 결정, 태도 등에 지지를 기대한다는 점을 알아 두는 것이 좋다. 아내 혹은 연인이 "내 피부 어때?"라고 물을 때는 "피부가 좋아졌어."라는 말을 듣고 싶다는 의미이고, 여자 동료가 이미 끝난 일에 대해 "어떻게 생각하세요?"라고 물을 때는 "좋은 결정이었어요."라는 말을 듣고 싶다는 의미이다. 또한 여자는 협의해서 일을 처리하는 습관이 있어 상대방에게 더 많은 의견을 구하기 위해 꼬치꼬치 캐묻기도 한다. 그럴 때 질문을 무시하거나 소홀하게 대답하면 자신을 무시한다고 오해할 수 있으니 주의해야 한다.

자의적인 행동일지라도 그것은 정신적 고속도로를 달려온 긴 여행의 결과이다.
무엇을 먹을까? 무엇을 입을까? 어디로 가야 할까? 대화할 때 무슨 말을 해야 할까? 등을 결정하면서
하루에도 수백 번 이런 여행을 한다.
사람들은 이런 여행을 하기 위해서 코드가 있어야 한다는 것을 깨닫지 못한다.
우리의 뇌는 이런 코드들을 무의식적으로 공급하지만
그것들을 발견하는 방법, 즉 우리의 행동을 이해할 수 있는 방법은 따로 있다.

_클로테르 라파이유(Clotaire Rapaille)

▲
클로테르 라파이유 : 프랑스 태생의 미국인 의사 출신. 그의 대표작이자, 세계적인 베스트셀러인《컬처 코드》는 문화 심리학 전문가로서 남녀의 차이는 물론 사회 문화 차이로 인한 소통 문제를 명확하게 짚어 대화뿐 아니라 다름을 이해하는 데 도움이 된다.

section

09

협조

She > 어려울 때 협조하는 것은 당연하다
He > 요청하지 않은 협조는 자신을 무시하는 것이다 남자는 원시시대부터 일단 맡은 일은 혼자서 해결해야 했다. 남자들은 사냥, 어획, 전쟁 등으로 경제활동을 해 개개인이 맡은 일을 조금만 소홀히 해도 공동체 전체가 몰살당할 가능성이 컸다. 그래서 자기가 맡은 일에 실패하면 가차 없이 공동체로부터 추방 또는 배척을 당했다. 그 때문에 남자는 '한 번 맡은 일은 죽어도 스스로 해결한다.'라는 정신이 뼛속까지 새겨졌다. 그런 사고 모드가 현대의 남자들에게도 남아 있어 모르는 문제도 협조받지 않고 혼자서 해결하고자 불필요한 고생을 하기도 한다.

이러한 습성으로 인해 남자들은 누군가가 "도와주겠다."라고 말하는 것을 썩 좋아하지 않는다. 때로는 무시당한 기분이 들어 화를 내기도 한다. 미국의 유명 쇼핑몰은 고급 남자 상품을 판매할 때 판매자가 "Can I help you?"라고 말하는 것을 금지한 후로 매출이 급신장했다고 발표하기도 했다. 남자들이 돕는다는 단어 'Help'를 매우 싫어한다는 것을 알아내 취한 조치였다고 한다.

여자는 원시시대부터 협업이 생계와 직결되었다. 그래서 어려운 일이 생기면 언제든지 협조를 주고받기 위해 모든 사고 모드가 유대 관계 유지에 맞춰졌다.

이처럼 남녀의 사고 구조가 달라 협조에 대한 개념도 크게 다르다. 상대방이 이해할 수 없는 자발적 협조나 협조 거절 등은 모두 대화가 막히는 원인이 된다.

어려울 때 서로 도와야 한다고 생각하는 여자는 남자가 협조를 거절하면 사양이라고 생각한다. 이때 여자가 거절을 무시하고 밀어붙이면 남자는 협조가 고마운 것이 아니라 귀찮은 간섭이라고 생각하거나 자존감에 상처를 입을 수도 있다. 카리스마와 남성성이 강한 남자일수록 협조를 싫어한다. 따라서 여자는 남자가 협조를 요청하지 않으면 자발적으로 협조하지 않는 것이 좋다. 정 돕고 싶다면 남자 스스로 해결한 것처럼 느끼도록 보이지 않게 돕는 지혜가 필요하다.

여자는 태초부터 출산과 육아의 임무를 져 왔다. 말을 하지 못하는 어린 아기의 고통도 혼자 파악해서 해결해 주어야 했고, 동굴 안에서 발생하는 여러 문제를 공동체 여자들의 협조를 받아 해결해야 했다. 그래서 지금도 타인이 곤경에 처한 것을 알면 자발적으로 돕는 사고 모드가 강하게 남아 있다. 물론 자신도 곤경에 처하면 주변 사람들이 알아서 구해 줄 것이라고 믿는다. 이처럼 남자와 여자의 협조에 대한 개념이 달라 협조를 해 주고 욕

먹거나 협조가 필요하다는 것을 눈치채지 못해 갈등을 키우는 일이 많다.

인터넷 홍보 대행 회사의 입사 1년차 여직원 A씨는 회사에서 유일한 여직원이다. A씨는 입사한 지 얼마 되지 않아 청소, 커피 타기, 사무실 집기 정리 등 모든 잡일을 도맡게 되었다. 최근에 회사에 신입 남직원이 입사를 했다. A씨는 그가 자기가 처리하는 잡일을 조금이라도 덜어 줄 것이라 기대했다. 그런데 그는 A씨가 바닥 청소를 하고 있는데도 전혀 미안해 하지 않았다. 오히려 다 닦아 놓은 바닥에 발자국을 남겨 다시 더럽힐 정도로 무신경했다. A씨는 참을 수 없어 "청소 좀 거들어요."라고 말했다. 그러자 그는 '내가 왜요?'라는 표정을 지어 보였다. 그는 협조란 내켜야 하는 것이고, 회사의 잡일은 A씨의 일이므로 자기가 굳이 나설 이유가 없다고 생각하는 듯했다. 그는 상사의 명령이 없었으니 A씨를 돕는 것은 자신의 일이 아니라고 생각하고 굳이 협조할 생각을 하지 못한 것이다.

남자들은 오랫동안 목숨을 건 외부 경제활동만 책임졌다. 그리고 집에 돌아와서는 가정사에 전혀 손대지 않고 완전히 재충전해 다시 외부로 나가곤 했다. 그만큼 잡일 처리가 자기 일이라는 개념이 희박하다. 최근 여자들의 사회 참여가 급격히 늘어 남녀 성 역할의 경계가 무너지면서 조금씩 그런 개념이 달라지고는 있지만 아직은 그 변화가 상당히 미미한 수준이다. 게다가 고지식한 남자들은 분명한 말로 '그건 네가 해야 하는 일'이라는 공식적인 언급이 있어야 '아! 나도 협조해야 하는 일이구나.'라고 깨닫기 때문에 알아서 협조해 줄 것이라 기대하면 상처만 입는다.

남녀 언어 사용법의 차이로 인한 갈등은 상당히 많다. 이에 대해 다룬 영화도 쉽게 찾아볼 수 있는데, 그중에 하나가 바로 〈비포(before)〉 시리즈이다. 국적이 다른 두 남녀의 아름다운 사랑과 이별 이야기를 다룬 3편의 할리우드 영화이다.

1편에서는 유럽 횡단 열차 안에서 우연히 옆자리에 앉게 된 미국 남자 대학생과 프랑스 여자 대학생이 사랑에 빠지고 다음 방학 때 비엔나 역 플랫폼에서 만나기로 약속한 뒤 헤어졌지만, 그 약속이 무산된 것으로 끝이 난다. 2편에서는 9년 후의 모습이 그려진다. 베스트셀러 작가가 된 남자가 파리의 한 서점에서 사인회를 하다가 우연히 여자를 다시 만나고, 함께 파리 시내를 배회하면서 옛 사랑의 감정을 회고하며 끝없이 대화를 나눈다. 3편에서는 이혼을 한 남자가 다시 그녀와 만나 결혼을 하고, 그 이후의 이야기를 보여 준다.

3편은 두 사람이 남자의 전처에 남겨 둔 10대 아들을 만나 방학 기간 동안 그리스 해변 마을로 가족 여행을 떠나는 것으로 시작된다. 남자는 아들이 아직 어린데 아빠의 부재로 제대로 된 남자의 역할을 배우지 못한다는 점, 매사에 제멋대로 행동하고 알코올 중독 증세가 있는 전처의 밑에서 자라야 한다는 점 등이 가슴 아팠다. 그래서 남자는 방학이 끝나 아들을 전처에게 돌려보낸 뒤 지금의 아내 앞에서 여러 차례 자책했다.

남자의 반복적인 자책의 말을 듣던 여자는 버럭 화를 내며 "그래서 당신 아들을 돌보려고 내 직장과 고향을 포기하고 아이가 있는 시카고로 이사 가자는 말이야? 나는 못해."라고 돌직구를 던졌다. 이에 남자는 황당해 하며 "내가 언제 당신에게 시카고로 이사 가자고 했어?"라고 말했다. 하지만 여자는 계속해서 "당신이 계속 그 말을 하고 있었잖아. 당신의 아들을 돌봐야 해서 시카고로 이사 가야 한다고."라고 말했고, 남자는 화를 내며 "나는 그저 아들이 걱정된다고 말했을 뿐이야. 나는 이사 가자는 말을 한 적이 없어."라고 말했다. 그로 인해 두 사람은 크게 다투고 말았다.

그토록 오랫동안 사랑했고, 어려운 과정을 거쳐 부부가 되었지만 '협조'에 대한 개념 차이로 큰 싸움을 하게 된 것이다. 여자는 남자의 푸념을 자기에게 뭔가 협조해 달라는 우회적 표현으로 해석한 것이고, 남자는 자신은 단지 속상해서 푸념했을 뿐이라고 생각하여 벌어진 일이다.

여자는 타인의 걱정스러운 푸념을 협조 요청으로 해석한다. 그러나 남자는 푸념은 푸념일 뿐, 딱 부러지게 말을 하지 않았으면 협조를 요청했다고 생각하지 않는다.

그래서 대부분의 남자는 협조받는 것을 빚지는 것, 남자다움의 상실, 능력 부족 등과 연결시켜 생각한다. 여자는 자기가 곤경에 빠지면 남자가 알아서 협조해서 구해 주어야 한다고 믿는다. 남녀 모두 협조에 대해 다르게 생각한다는 것을 인정해야만 대화 단절을 예방할 수 있다.

Solution

남자는 원시시대부터 자신이 맡은 일은 무슨 수를 써서라도 스스로 해결해야 했다. 그래서 다른 사람의 협조를 받아 문제를 해결하는 것은 남자다움이 결여되고, 무능력을 인정하는 것이라는 사고 모드가 뼛속 깊이 새겨졌다. 현대의 남성들도 이런 사고가 남아 있어 요청하지 않은 협조받기를 달가워하지 않는다. 후천적으로 가정이나 학교 교육 등에 따라 사고 모드가 바뀐 남자들이 있기는 하지만 일반적으로는 협조를 요청하지 않으면 나설 필요가 없다고 생각한다. 따라서 남자가 어려운 처지를 빤히 보고도 자발적으로 협조하지 않는다고 해서 투덜댈 필요가 없다. 협조를 받으려면 꼭 찍어서 "이것 좀 도와주세요."라고 요청해야 한다. 또한 남자가 곤경에 처한 것이 딱하면 "도와 드릴까요?"라고 묻고, 싫다고 거절하면 매정한 것 같아도 나서지 않는 것이 현명하다.

여자는 과거부터 주변의 협조로 모든 위기를 극복했다. 그런 과정을 통해 타인의 고통을 발견하면 발 벗고 나서서 도와야 한다는 일종의 의무감 같은 것이 사고 모드에 각인되었다. 그로 인해 여자들은 어려움에 처한 사람을 보면 자발적으로 도와야 한다고 생각한다. 그런 여자의 생리를 모르고 남자가 협조를 거부하면 여자는 자신의 호의를 거절당한 것으로 오해할 수 있다. 여자가 원하지 않는 협조를 하더라도 대놓고 면박을 주지 말아야 한다. 또한 요즘처럼 언제든지 도울 준비가 되어 있는 여자 동료가 많은 직장에서 혼자 어려운 일을 도맡아 처리하려다가 중요한 일을 펑크 내는 것은 바보같은 짓이다. 협조가 필요하면 여자 동료에게 언제든지 손을 내밀어도 전혀 흠 잡히지 않는다. 단 협조 요구가 강압적 지시로 변하지 않도록 주의해야 한다.

대화 방식은 몸에 굳어 있어 하루아침에 바꿀 수 있는 성질이 못 된다.

그러나 다른 사람의 대화 방식을 존중하는 방법을 익히는 것은 그다지 어려운 일이 아니다.

남자들은 여자들의 친교에서 가장 핵심적인 것이 사사로운 개인 생활까지 이야기하는 것이라는 것을 수긍하고,

여자들은 많은 남자가 이런 사적인 대화를 탐탁지 않게 생각한다는 것을 염두에 두어야 한다.

상대방의 방식을 수용하겠다는 자세만 갖춘다면 아주 정상적인 이야기를 하고도

억울하게 오해를 사는 일은 없어질 것이다.

데보라 태넌(Deborah Tannen)

section
10

대화

She > 공감을 확인해야 대화가 원활하게 이어진다
He > 통보만으로도 충분히 대화가 이루어진다

남직원은 남직원대로, 여직원은 여직원대로, 남편은 남편대로, 아내는 아내대로 상대방과 대화가 잘 통하지 않는다는 말을 자주 한다. 그들은 대부분 이렇게 말한다.
　　"나는 대화를 잘하려고 노력하는데 상대방은 그렇지 않는 것 같아요."
　　"그들은 대화를 하려는 의지가 보이지 않아요."
　　그러나 대화가 원활하게 진행되지 않는 것은 누구의 탓도 아니다. 원래부터 노력 없이는 이성과 원활하게 대화를 진행하는 것이 어렵다. 수천 년 이상 유전적으로 이어진 이성 간의 서로 다른 언어 사용법 특성은 쉽게 변하지 않아 남녀 대화의 개념까지 바꾸어 놓았기 때문이다.
　　언어 자체의 의미를 중요시하는 고지식한 남자의 언어 사용법은 '대화'의 개념도 반드시 문제점을 지적하거나, 해결책을 알려 주거나, 결정 사항을 통보하는 등의 뚜렷한 용도를 필요로 한다.

남자는 용도 없이 대화하는 것은 잡담이나 쓸데없는 수다라고 생각한다. 여자는 언어 자체의 의미보다 말하는 사람의 의도를 자기 방식으로 재해석하는 언어 사용법을 가져 불필요한 감정 해소, 좋거나 나쁜 감정의 공유, 궁금증의 해소 등 목적 없이 나누는 대화도 상당히 중요하다고 생각한다.

한마디로 남자는 문제 제기, 해결책의 결과 통보 등의 용도가 분명한 말을 주고받는 것을 대화라고 생각하고, 여자는 의견과 감정 교환, 목적 없이 공감대 형성을 위해 주고받는 말 모두를 대화라고 생각한다. 그래서 독감에 걸린 아내에게 남편이 "병원은 가 봤어?", "약 좀 먹지 그래.", "조금 누워서 쉬어."와 같이 해결책을 말하면 아내는 위로의 감정 표현이 없고 해결책만 들어 있는 남편의 말에 이렇게 생각한다.

'남편은 내가 아프든 말든 관심이 없어. 원래부터 대화가 잘 되지 않는 사람이야.'

그러고는 남편과 더 이상 대화를 진행하지 않으려고 한다.

업무상 어려운 점을 호소하는 여직원에게 남자 상사가 "그런 일은 이러저러하게 해결해 봐."와 같이 해결책만 말하면 여직원은 그를 답답한 상사로 생각하고 더 이상 대화를 하지 않으려 한다. 그럴 때는 이런 식으로 말하는 것이 좋다.

"그런 어려움을 몰라 줘서 미안해. 나도 비슷한 일을 겪어 봐서 아는데 그런 일은 혼자 감당하기 정말 힘들어. 그런데 지금껏 잘 견딘 걸 보면 정말 대단해."

이와 같이 위로와 과정 중심의 답변을 해 주어야만 여직원은 '우리 상사는 대화도 잘 통하고, 부하 직원의 어려움을 잘 헤아려 주시는 분이야. 이런 상사를 만난 건 행운이야.'라고 생각할 것이다.

여자는 아주 오래전부터 대화를 통해 사람들과의 유대 관계를 유지했다. 그래서 지금도 대화가 통하지 않으면 인격을 거부당한 것이라 생각한다. 열심히 말하고 있는데 상대방이 쓸데없는 소리는 그만하라며 말을 가로막거나 귀담아 듣지 않으면 자신을 무시하는 것이라 생각해 대화를 하지 않은 것으로 간주한다. 그로 인해 발생한 대화 단절은 관계를 해치고 분노를 발생시켜 개인의 무능까지 불러일으키고, 결국 함께 일하기 어려운 상황에까지 이르게 한다.

15년째 수입 명품 유통 판매를 하고 있는 여자 부장 O씨는 최근에 이직을 하여 유럽 본사의 손님을 맞는 행사를 주관하게 되었다. 까다로운 유럽인들의 취향에 맞춰 유럽 유학파 남직원이 의전을 담당했다. 그런데 남직원은 O씨를 '정말로 대화가 통하지 않는 상사'라고 생각했다.

그는 유럽 손님들의 까다로운 취향을 고려해 신중하게 숙소와 식사 장소를 알아보고 있는데 O씨가 자주 불러 "나도 전에 유럽 손님을 상대해 봐서 잘 아는데 그 사람들은 와인 잔 하나, 접시 하나까지 격을 따지더라고. 그런데 우리나라 식당에는 그 사람들의 기준에 맞는 그릇을 사용하는 곳이 상당히 드물어."라는 불필요한 잡담을 늘어놓았다. 남직원은 바빠 죽겠는데 O씨가 왜 그런 말을 하는지 알 수 없다며 골치가 아팠다고 했다.

그리고 차라리 "내가 전에 여기는 가 봤는데 와인 잔이 별로 였어. 그리고 이곳은 접시가 엉망이야. 리스트에서 제외했으면 좋겠어." 또는 "우리나라에 온 손님들이니 한식을 대접하는 것으로 하고, 그들이 고향 음식을 원하는 것 같으면 그때 유럽 음식으로 바꾸는 것이 좋겠어."처럼 조언을 했다면 좀 더 진지한 대화를 나누며 더 훌륭한 결정을 내릴 수 있었을 것이라고 말했다.

이에 대해 O씨는 이렇게 말했다.

"남들은 쉽게 생각하지만 나는 그 일이 상당히 까다롭다는 것을 잘 알고 있어요. 그래서 남직원이 얼마나 힘들게 일하고 있는지 잘 알고 있다는 것을 알려 주고자 그렇게 말한 거예요."

그리고 이렇게 덧붙였다.

"그런데 내 말에 아무 대꾸를 하지 않아 섭섭하더라고요, 만약 상대방이 여직원이었다면 '그 사람들의 까다로운 점을 헤아리는 것이 얼마나 어려운지 알아주셔서 정말 감사해요. 열심히 일하고도 결과가 좋지 않으면 어쩌나 얼마나 걱정이 되는지 몰라요.'라고 말하며 화기애애한 대화를 이어 나갔을 거예요."

대화에 대한 남자와 여자의 개념이 달라 이와 같은 상황이 벌어진 것이다. 남직원은 상사의 의도와 다르게 그녀가 자신이 제대로 일하고 있는지 하나하나 감시하고 쓸데없는 잡담을 많이 한다고 해석한 것이다.

이처럼 대화란 제삼자의 입장에서는 작고 사소한 일 같지만 오해가 발생하면 자존심이 걸린 문제가 되어 말을 주고받아도 대화가 제대로 성립되지 않는다.

남녀의 대화 개념 차이로 인해 가정이 깨지는 일이 발생하기도 한다. 이는 비단 우리나라에서만 일어나는 일이 아니다. 서양에서도 비슷한 문제가 많이 발생하고 있다. 서양의 소설, 드라마, 영화 등이 이런 주제를 많이 다루고 있다.

그중에 미국 소설가 더글라스 케네디(Douglas Kennedy)의 작품을 각색하여 영화로 만든 〈빅 픽처〉를 소개하고자 한다. 단 한마디 말로 부부 사이가 소원해지고, 그로 인해 가정이 파괴되는 내용이다.

줄거리를 간략하게 소개하면, 잘나가는 변호사인 남자 주인공의 어릴 적 꿈은 사진작가였다. 그러나 집안끼리 잘 알고 지내는 로펌 오너가 암에 걸려 시한부 인생이 되자 회사를 통째로 물려주겠다고 할 정도로 잘나가는 변호사가 되었다.

남자는 자신의 바람과 달리 변호사가 되었지만 사진작가의 꿈을 접지 못했다. 다만 티를 내지 않고 아내와 자식들을 사랑하는 가정적인 남자로 살아가고 있을 뿐이었다. 아내는 두 아이를 기르며 소설가가 되고자 글쓰기 공부를 하고 있었다. 그러나 소설가로 데뷔하는 것이 쉽지 않자 자신의 글쓰기 능력에 회의가 생겼고, 그로 인해 우울한 나날을 보내고 있었다.

마침내 그녀는 글쓰기 공부를 포기하고 다른 직업을 갖는 것이 어떨까 싶어 남편과 의논하고자 남편의 직장으로 전화를 걸어 할 말이 있으니 커피숍으로 나오라고 했다. 남편은 사랑하는 아내의 호출에 고객과의 중요한 약속도 미루고 단숨에 달려왔다.

아내가 남편에게 이렇게 말했다.

"내가 하고 싶은 말은 글쓰기가 너무 힘들어서 그만두고 다른 일을 하고 싶다는 거야."

그러자 남편은 어이없다는 듯 웃으며 이렇게 말했다.

"그런 사소한 일로 이렇게 급하게 보자고 한 거야?"

이에 아내는 버럭 화를 내며 "그래. 당신에게는 사소한 일이겠지. 알았으니까 그만 둬."라고 말한 뒤 자리를 박차고 커피숍을 뛰쳐나갔다. 남편의 말 한마디로 두 사람의 대화는 단절되었고, 마음도 멀어졌다.

그리고 얼마 후, 아내는 이웃집에 사는, 아직은 이름이 알려지지 않은 사진작가와 바람이 났다. 남편은 아내가 자기가 평생 꿈꿔 온 사진작가와, 그것도 시시한 사진작가와 바람이 난 사실을 알고 분노를 참지 못했다. 남편은 이웃 남자를 찾아가 말도 안 되는 상황을 따져 물었다. 하지만 그는 사진작가가 되고 싶은 꿈을 접고 돈을 많이 벌겠다며 변호사가 된 남편을 속물이라고 모욕했다. 그의 말에 분노를 억누르지 못한 남편은 우발적으로 사진작가를 살해했다.

이 작품은 소설을 영화화한 만큼 극적 상상력이 동원되었지만 이들 부부가 멀어진 원인은 남자와 여자의 대화 차이 때문임을 확실히 보여 준다. 남편의 머릿속에는 아내는 가정에서 가사와 육아를 책임지는 사람이기 때문에 직업이 그리 중요하지 않다는 오래된 사고 모드가 남아 있었다. 또한 사소한 의논을 중요한 대화로 여기는 여자 대화법의 특성을 알지 못했다. 그러니 아내의 마음을 잃을 수밖에.

만약 영화 속 남편이 이렇게 말하며 아내의 우울한 마음을 위로해 주었다면 어땠을까.

"나는 당신의 글쓰기 재능이 탁월하다고 생각해. 하지만 너무 힘들어서 분위기를 바꿔 보고 싶다면 당분간 다른 일을 해 보는 것도 괜찮을 것 같아. 시간을 갖고 글쓰기에 대해 생각해 보는 것도 한 방법이겠지."

여자는 자신의 고민에 공감해 주고 걱정해 주는 대화를 원하는데 남자가 여자의 마음을 헤아려 주지 못하고 해결책만 제시한다면 대화는 중단되고, 두 사람의 거리도 멀어질 것이다.

남녀의 서로 다른 대화 개념을 인정하고 상대방의 말을 귀담아 듣는 방법을 알아 두어야만 이성 간의 대화가 통할 수 있는 것이다.

Solution

여자

남자는 대화를 문제 제기와 해결책 제시 등 반드시 용도에 맞춰 말을 주고받는 것이라고 생각한다. 남자는 여자가 감정 교류를 위한 과정 설명 등을 중요한 대화로 생각한다는 것을 잘 몰라 결과를 통보해 주거나 해결책을 말해 주면 대화가 통한 것으로 여긴다. 이런 남자의 특성을 인정하고, 남자가 대화 중에 쓸데없는 소리라며 말을 중단시킨다 해도 자존심 상해하며 대화를 중단할 필요가 없다. 남자와 여자의 대화 개념이 달라 모든 과정을 시시콜콜하게 설명하고 감정을 묘사하면 결국 대화가 잘 이루어지지 않는다는 점을 명심하고 남자가 알아들을 수 있는 언어로 대화하려는 노력이 필요하다. 여자와는 다른 남자의 대화 개념을 잘 이해하기만 해도 "대화가 안 통해."라는 불평이 크게 줄어들 것이다.

남자

여자는 대화를 공감대 형성, 의견 조정과 감정 교환 과정으로 생각한다. 여자는 문제 해결보다 과정 설명을 더욱 중요하게 생각해 문제 제기와 해결책 제시만 해 주고 대화를 끝내면 대화를 하지 않은 것으로 여긴다. 여자들이 남자들과 많은 말을 주고받으면서도 대화가 통하지 않는다고 불평하는 이유는 남자의 위로, 공감 등의 감정 표현이 없었기 때문이다. 여자와 대화를 잘하려면 여자의 과정 설명이 다소 지루하다 해도 인내하며 잘 들어주고 과정을 묘사하는 습관을 길러야 한다.

사회 질서를 계급으로 보는 남성 사회에서 대화란 우위를 획득하고

그 자리를 지키기 위한 협상과 같다.

일부 남자는 여자의 말을 들어야 할 상황에 놓이면

상대방보다 지위가 낮다고 생각하기 싫어

여자들의 말을 길게 경청하려고 하지 않는다.

반면에 여자들은 이야기를 들을 때 웃어 주거나 동의를 표하면서

좀 더 긍정적이고 열정적인 반응을 보여 주는 것을 당연하게 생각한다.

데보라 태넌(Deborah Tannen)

section

11

듣기

She > 듣기는 친밀감의 확인이다

He > 듣기는 낮은 자의 임무이다

경청이 화두로 떠오르면서 듣기에 대한 관심이 부쩍 높아졌다. 상대방의 말을 잘 들어주어 존중한다는 느낌을 전달해 주고, 그럼으로써 쉽게 호감을 얻고 호의적인 관계를 유지한다는 것은 참 좋은 일이다. 그런데 모든 말하기가 그렇듯 '듣기' 역시 남자와 여자의 개념이 사뭇 다르다. 남녀의 듣기 개념 차이를 이해하고, 그에 맞게 들어야 경청의 효과를 거둘 수 있다.

이제부터 남녀의 듣기 개념과 듣는 방법의 차이에 대해 알아보자. 남자는 원시시대부터 위험한 상황에서 생업에 종사하였다. 그러면서 급박한 상황에서 대처하기 위한 지시받기, 유용한 정보를 알려 공동체로부터 자신의 존재감을 인지시키기 위한 말하기 등에 치중해 왔다. 그러다 보니 주로 높은 사람은 말하고 낮은 사람은 듣는 입장이 되었다. 그 영향으로 생활 방식이 많이 달라진 지금도 많은 남자가 높은 사람은 말하고 낮은 사람은 듣는다는 고정관념을 가지고 있다.

현대의 직장에서도 상사, 사회적 저명인사 등 직위가 높은 사람들은 주로 말을 하고 하급 직원 등 직위가 낮은 사람들은 주로 듣는 광경을 어렵지 않게 볼 수 있다. 또한 대부분의 남자는 다른 사람의 말을 듣는 것보다 말을 하는 입장에 서기를 원한다. 심지어 듣기를 소홀히 하는 것으로 권력을 입증하려고 하기까지 한다.

남자들은 오랫동안 사냥, 어획, 전쟁 등 순간적인 몰입이 필요한 생업에 종사해 와 어떤 일에 몰입하고 있을 때 누군가 말을 하면 잘 듣지 못하는 경향이 있다. 이러한 남자의 듣기 개념을 이해하지 못하고 말을 하면 이후에 듣고도 들은 적이 없다고 잡아떼는 상황이 발생할 수 있다.

반면에 여자들은 오랫동안 요리, 청소 등 여러 가지 일을 동시에 처리해야 하는 생활을 해 와서 여러 소리가 들려도 각각의 내용을 가려내는 기능이 발달했다. 어떤 일에 몰입하고 있는 상황에서도 누군가 들려준 말을 제대로 가려낼 수 있다.

남자는 언어 사용법만큼 사고방식도 고지식하여 자기만 열심히 들으면 그만이라고 생각한다. 그래서 듣기만 할뿐 상대방에게 맞장구 등의 피드백을 잘 하지 않는다. 하지만 여자는 말 자체보다 말하는 사람의 기분과 감정 등을 중요시하기 때문에 다른 사람의 말을 들을 때 말하는 사람에게 내가 잘 듣고 있다는 것을 알리기 위해 열심히 피드백을 하려고 노력한다.

그러다 보니 여자들은 자기를 기준으로 잘 듣는 것과 피드백을 연관시킨다. 그래서 남자가 말을 들으면서 피드백을 잘 해 주지 않으면 "내 말을 들기는 하는 거야?"라는 불만을 쏟아 낸다. 반면 대부분의 남자는 여자들의 "아, 그러세요?", "저런, 큰일 날 뻔 하셨군요."와 같은 잦은 피드백을 '괜한 호들갑'이라고 생각한다. 이처럼 남녀의 '듣기' 기능과 방법이 다르기 때문에 듣기 역시 이성의 방법과 개념을 알아야만 대화를 원활하게 진행할 수 있다.

   식품 가공 유통 회사의 유통 판매부에서 2년째 일하고 있는 여직원 L씨는 직원들이 모두 외근을 나가 1년 선배인 남직원 P씨와 단둘이 사무실에 남아 있었다. 오전 10시경, L씨는 서울 시내의 한 거래 식당에 납품한 식자재에서 변질이 발견되어 점심 식사 준비를 할 수 없다는 고객사의 전화를 받았다. 당황한 L씨는 서둘러 외근을 나간 팀장에게 전화를 걸었지만 연결이 되지 않았다. 그때 P씨는 컴퓨터 앞에서 웹서핑을 하고 있었다.
   L씨는 P씨의 담당 업무가 아닌 줄 알면서도 큰 목소리로 도움을 구했다. 그러나 P씨는 여전히 컴퓨터 모니터만 들여다볼 뿐이었다. L씨는 무시를 당해 상당히 불쾌했지만 마음을 억누르며 다시 한 번 우는소리를 했다. 그러나 그는 그녀 쪽으로 고개를 돌리지도 않고 한가로운 목소리로 "무슨 일이에요?"라고 말했다.
   L씨는 내게 자기 같으면 그런 긴급 상황에서 한가롭게 앉아 있지만은 않았을 것이라고 불평했다. 그러나 P씨와 대화를 나눠 보니 오전 중에 해결해야 할 업무의 실마리가 풀리지 않아 해외 웹사이트를 뒤지는 중이어서 L씨가 무슨 말을 했는지 자세히 듣지 못했다고 했다. 다행히 문제는 잘 해결되었지만, 그 후로 L씨는 P씨를 볼 때마다 '공동생활을 하면서 어떻게 그렇게

이기적일 수가 있지?'라는 생각이 들어 보기조차 싫다고 고백했다.

  수천 년간 유전적으로 뇌에 깊이 새겨진 사고 모드와 언어 사용법을 타인의 힘으로 바꾸기는 쉽지 않다. 남자에게 중요한 말을 전달하고 싶다면 하던 일을 멈추게 한 뒤 용건을 말해야 원하는 바를 이끌어 낼 수 있다.
  남녀의 듣기 방식 차이는 가정에서 더 많은 문제를 일으킨다. 남녀의 듣기 개념에 대해 이해하지 못하고 자기 방식으로 들어야 한다는 이기적인 생각에서 벗어나지 못하면 아래와 같은 불화가 생길 수 있다.

  50대 초반의 남자 직장인 S씨는 씁쓸하게 웃으며 이렇게 말했다.
  "아내와 대화를 하지 않은 지 꽤 오래 되었어요. 아내는 하루에도 몇 시간씩 친구들과 통화를 해요. 그런데 제가 무슨 말이라도 하려고 하면 '알았으니까 그만해.'라고 말하며 제 말을 툭 잘라 버려요. 솔직히 말해서 월급날에만 제 말에 귀를 기울이는 것 같아요."
  하지만 아내의 말은 달랐다. 아내는 단호하게 "남편은 결혼 후 줄곧 제가 무슨 말을 해도 귀 기울여 듣지 않았어요. 아이들의 진로 문제나 집안 대소사 문제를 의논하려고 말을 걸면 무성의하게 듣고 대강 대답했지요. 미리 몇 차례나 강조해서 알려 준 집안 행사 일정을 까맣게 잊고는 '그런 말을 들은 적이 없다.'라고 잡아떼 저를 난감하게 만들기도 했어요. 참는 것도 하루 이틀이지 더 이상 무시당하면서 살고 싶지 않아요."라고 말했다. 그러고는 이렇게 덧붙였다.
  "남편은 은퇴할 때가 가까워지니 가족에게 왕따당할 것이 슬그머니 걱정되는지 바쁜 아이들을 붙들고 그동안 하지도 않던 말을 시켜요. 애들인들 좋겠어요? 한 번이라도 자신들의 말을 진지하게 들어준 적이 있어야 아이들도 아빠 말을 들어주고 싶지 않겠어요? 이제 와서 외롭다고 투정하는 것은 자업자득이에요."

만약 아내가 남자의 듣기 개념을 알았다면 '일 잘하는 남자는 남의 말을 잘 듣지 못해.'라고 생각하여 남편이 자신의 말을 귀담아 듣지 않는 것에 대한 섭섭한 마음이 훨씬 덜했을 것이다. 남편 역시 여자의 듣기 개념이나 방법을 제대로 알았다면 아내 말을 귀담아 들을 시간이 없더라도 "미안해. 지금은 길게 들을 시간이 없으니 간단하게 설명해 주면 안 될까?"라고 양해를 구해 아내가 무시당한다는 기분이 들지 않게 해 줄 수 있었을 것이다.

남녀의 서로 다른 '듣기' 개념을 이해하면 직장에서도 이성 동료들 간에 훨씬 편안하게 소통하고, 남녀의 장점을 모아 엄청난 시너지 효과를 낼 수 있을 것이다.

Solution

여자들은 한 번에 여러 가지 일을 처리하며 살아와 많은 소리가 한 번에 들려도 가려서 듣는 기능이 발달되었지만, 남자는 그렇지 않다. 남자들은 오랫동안 한 가지 일에 몰두하는 일로 생업을 유지해 와 무언가에 몰입하고 있을 때는 그 일에 관해서만 듣는다. 남자가 어떤 일에 몰일 중일 때는 하던 일을 멈추게 한 뒤 말해야 한다. 또한 할 말이 많아도 한 번에 한 가지만 말해야 잘 듣는다. 무엇보다 남자는 집단으로 위험한 일을 수행하면서 철저한 서열을 만들어 지켜 왔다. 이때 지위가 높은 사람은 말하는 역할, 낮은 사람은 듣는 역할을 맡아 왔다. 따라서 남자는 남의 말을 듣는 위치에 서는 것을 좋아하지 않는다. 이러한 점들을 고려한다면 남자가 열심히 듣지 않는다 해도 이해하고 원활하게 대화를 이끌어 나갈 수 있다.

여자는 남자들처럼 사회적 지위를 높이고 일의 능률을 높이기 위해서라기보다 유대 관계를 증진하는 목적으로 말을 해 왔기 때문에 '듣기'를 상당히 중요시한다. 여자는 상대방이 자신의 말을 귀담아 듣지 않으면 유대가 깨진 것이라 생각하여 불안해한다. 남자 상사가 자신의 말을 귀담아 듣지 않으면 그에게 찍힌 것으로 오해하고, 남편이 자신의 말을 잘 들어주지 않으면 애정이 식은 것이라 단정하기도 한다. 간결하고 직설적인 언어 사용에 익숙한 남자 입장에서는 여자의 말이 너무 길어 모두 들어주기가 힘들다. 그러나 여자의 듣기에 대한 개념을 이해한다면 상호 평화를 위해 여자에게 말을 다 듣지 못할 상황임을 밝히고 양해를 구해 간단히 말하도록 유도할 수 있다.

말할 것이 아닌 것을 말하는 것을 경솔하다 하고,

말할 것을 말하지 않는 것을 음험하다 하며,

아직 상대편의 입장이나 기분을 살피기도 전에 말하는 것을 맹목이라 한다.

공자

section

12

말수

She > 여자는 비공식 석상에서 말수가 많다
He > 남자는 공식 석상에서 말수가 많다

너무 과묵해서 말 붙이기가 어려운 남자에 대해 여자들은 이렇게 불평하곤 한다.

"그 남자는 너무 과묵해서 대화가 안 돼."

"우리 부장님은 말이 너무 없어서 대하기가 어려워요."

"제 남편은 집에 오면 입을 싹 닫아 버려요."

반면 남자들은 이렇게 말한다.

"여자들은 뭐가 그렇게 할 말이 많은지 모르겠어요. 같이 있으면 시끄러워 죽겠어요."

"아마 여자들은 한 시간짜리 드라마를 보고도 다섯 시간을 떠들 수 있을 거예요. 말을 많이 하는 여자들을 보면 피곤하지도 않나 정말 신기할 정도예요."

남자와 여자는 서로의 말수 차이를 쉽게 이해하지 못한다. 말수는 종종 상대방의 공격 포인트가 되기도 하고, 이성 간의 대화를 차단시키는 원인이 되기도 한다.

　남녀의 말수 차이에 대한 고정관념 역시 오랜 생활 방식 차이에서 온 것이다. 남자는 정글, 산속, 들판, 강, 바다, 살벌한 전쟁터로 나가 사투를 벌여 먹거리를 구했다. 그런 일터에서 말이 많으면 적에게 쉽게 노출되어 먹거리를 놓칠 뿐 아니라 공동체 전체의 생명까지 위험에 빠뜨릴 수 있다. 그 때문에 "남자가 말이 많으면 수염이 안 난다.", "말 많은 남자는 큰 인물이 못 된다." 등의 말이 내려오고 있는 것이다.

　반면에 여자는 같은 동굴에 기거하는 이웃과 연대하고 협업해야만 돌발적인 위험을 막을 수 있어 이웃들과 항상 사소한 일도 의논해야 했다. 그로 인해 여자들은 자연히 말을 많이 하게 되었을 것이다. 이런 생활 방식의 차이로 남자는 과묵하고, 여자는 수다스럽다는 고정관념이 생겨 남녀평등 사회로 갈수록 이성 간의 대화를 방해하는 원인이 되고 있다.

　그러나 남녀 간의 말수 차이는 말을 건네는 사람의 재량에 따라 상대방의 말수를 늘리거나 줄일 수 있어 다른 대화의 걸림돌에 비해 비교적 해결이 쉬운 편이다. 너무 과묵한 남자에게 자기 능력을 과시할 수 있거나 존재감을 보여 줄 수 있는 주제를 던져 주면 말수가 늘고 재미있게 말하는 것을 확인할 수 있다.

　일반적으로 남자들은 스포츠, 정치, 경제, 섹스, 자동차, 국제 정세 등을 화제에 올리면 말수가 늘고 대화에 생기가 돈다. 또한 남자는 비공식 석상에서 말하는 것은 여자에게 뒤지지만 공식 석상의 회의, 토론, 발표 등에서는 여자보다 압도적으로 말수가 많아진다.

결혼 12년차인 여성 U씨는 맞벌이를 하느라 아파트 주민 회의에 한 번도 참석하지 못했다. 그런데 최근 아파트 관리인들이 거액의 관리비를 횡령한 사실이 밝혀져 주민들이 비상회의를 소집했다. 주민 회장은 가급적 부부 동반으로 모여 관리 직원들의 처벌과 유용된 자금 환수 문제를 의논하자고 건의했다.

U씨는 회사 중역인 남편이 워낙 바쁜데다 집안일까지 참견하는 스타일이 아니어서 큰 기대를 하지 않고 남편하게 넌지시 말을 던졌다.

"이번 주민 회의는 부부 동반이라고 하네."

그러자 남편은 예상을 깨고 "언젠데?"라고 물었고, 결국 두 사람은 함께 주민 회의에 참석했다. U씨는 이렇게 말했다.

"평소에 과묵했던 남편이 주민 회의에서 어찌나 말을 많이 하면서도 조리 있게 잘하는지 감탄했어요."

인간은 누구나 자신의 능력, 지식 정도를 타인에게 뽐내고 싶은 욕망과 함께 유대 관계가 깨져 고립되는 것을 두려워하는 본능을 가지고 있다. 그래서 남자든 여자든 '잘 통하는 주제', '선호하는 청중'을 만나면 아무리 과묵한 사람이라도 입이 트이게 마련이다.

여자는 예부터 생존과 직결되는 연대 책임, 협업을 중요하게 생각했고, 그룹에서 소외당하는 것을 죽는 것보다 두려워했다. 그래서 상대방에게 존재감을 각인시키기 위해 주로 자신을 주제로 말해 왔다. 그리고 자신을 낮추고 중요한 결정은 남자가 내려야 한다는 것을 오랫동안 훈련받아 공식 석상에서는 말수를 줄였다. 그러다 보니 겸손이 몸에 배어 대화 주제도 성공담보다는 실패담, 상처받은 일들에 국한되는 경우가 많다. 물론 여자들이 고민이나 실패담 자체를 좋아한다기보다 그 순간의 감정을 말하고 뒤늦은 위로의 말이라도 들어 치유받고 싶어 한다고 말하는 것이 옳을 것이다.

말수가 적어 여자와의 대화에서 번번이 실패하는 것이 고민인 남자는 여자에게 지나간 상처나 실패담을 말하도록 유도하고 '왜' 그런 일이 일어났는지가 아니라 '얼마나' 가슴 아팠는지에 대해 말하게 하는 것이 좋다.

또한 여자들은 대체로 미래지향적 대화는 어렵고 지루하게 여기는 반면, 과거 이야기에는 쉽게 매료되는 경향이 있다. 추억이 담긴 영화, 음악, 물건에 얽힌 이야기, 남자 자신의 과거 추억 등을 주제로 말을 이어 가면 자신의 과묵함을 고민할 필요가 없을 정도로 여자가 대화를 이끌어 저절로 여자와의 대화가 편안해질 수 있다.

반대로 말을 독점하는 여자 때문에 중요한 말을 할 타이밍을 놓쳐 이후에 피해를 보는 것이 고민인 남자도 여자가 좋아할 만한 주제를 던지면 여자가 그 말에 경청하게 되어 자기 생각을 말할 여지를 만들 수 있다.

남자들은 자신의 사회적 지위나 능력 과시를 중요시하기 때문에 평소에 과묵한 남자도 자신이 잘 아는 주제를 만나면 저절로 말이 많아진다. 남자는 원시시대부터 피를 보고 살상을 해야만 먹거리를 구할 수 있었던 생활을 통해 자신의 생명을 보호하기 위해 지나간 실패담을 머리에서 깨끗이 지워 내는 기능을 갖게 되었다. 그래서 과거보다 미래, 실패담보다 성공담 등의 주제로 말하는 것을 좋아한다.

또한 남자는 타인보다는 자신의 성공에 더 관심이 많다. 남자와 대화를 할 때 남자들이 선호하는 주제를 던져 주면 과묵한 남자와도 막힘 없이 대화를 이어 나갈 수 있다. 마찬가지로 여자에게도 개인적인 이야기를 할 수 있는 분위기를 만들어 주면 대화를 원활하게 지속할 수 있다.

Solution

　　남자는 오랫동안 '말수가 많으면 남자답지 못하다.'라는 사회적 압박을 받아 과묵함을 미덕으로 여겨 왔다. 그러나 남자는 본능적으로 자기를 과시하는 것을 좋아한다. 그래서 자신의 전문 분야나 잘 아는 분야, 능력을 과시할 수 있거나 흥미를 끄는 주제가 나오면 말이 많아진다. 회사에서도 과묵해서 대하기 어려운 남자 상사, 동료들에게 거리감을 두기보다 그들이 흥미를 갖는 사내 정치, 회사 재정, 국내외 경제 흐름 등에 대한 상식을 높여 그들과의 대화에 어울리면 여자라서 소외당한다는 불평을 하지 않게 될 것이다. 남자들이 좋아하는 대화 주제를 알아내고, 그에 대한 정보를 많이 습득하면 남자들처럼 공식 석상에서도 말을 많이 그리고 잘할 수 있게 되어 직장에서 진정한 프로 대접을 받을 수 있을 것이다.

　　평소에 과묵하여 여자에게 무슨 말을 걸어야 할지 모르겠다면 여자들이 선호하는 주제로 대화를 시도해 보는 것이 좋다. 반대로 여자의 말수가 너무 많아 들어주기가 힘들다면 여자가 말이 많아진 이유가 '나를 소외시키지 말아요.'의 외침인지, 남자인 당신이 너무 과묵해서 자신이 대신 말해야 분위기를 망치지 않는다는 사명감 때문인지 파악하려는 노력을 해야 한다. 남자에게 이래라 저래라 잔소리를 늘어놓거나, 같은 말을 반복하거나, 말을 자꾸만 바꾸면 상대 여자가 흥미로운 주제를 만나지 못했다는 것임을 서둘러 파악해야 한다. 그럴 경우 미래보다는 과거를 추억하게 하거나 성공담보다는 실패담을 이야기하게 유도하면 대화가 즐겁게 전개될 것이다.

매일 우리가 하는 말 중 최소한 반은 잘못 이해되거나 잘못 해석된다.
상대방의 개념을 알고 있을 때 좀 더 격에 맞는 방법으로 듣고 해석할 수 있다.

글로리아 호프만 & 폴린 그레이비어(Gloria Hoffman & Pollin Graybeer)

▲
글로리아 호프만 & 폴린 그레이비어 : 미국의 커뮤니케이션 및 자기계발 전문가 팀으로, 저술보다는 강의에 주력하여 왕성하게 활동하고 있다.

section

13

친분

She > 친한 관계라면 비밀을 공유해야 한다
He > 아무리 친해도 경쟁을 멈추지 않는다

여자는 친분과 비밀 공유를 동일시한다. 반면에 남자는 친분과 비밀 공유를 별개로 본다. 친분에 대한 남녀의 상반된 개념은 이성 간의 대화 막힘의 주요 원인이 되곤 한다. 상대방의 친분 개념을 알고 인정해야만 대화의 걸림돌을 제거할 수 있다.

여자들은 원시시대부터 생존과 직결되는 타인과의 유대를 중요시했다. 비밀 공유는 친밀한 유대 관계 유지에 큰 역할을 했다. 그러한 사고 모드가 지금까지 남아 대부분의 여자는 친한 관계라면 서로에게 비밀이 없어야 한다고 생각한다. 미리 알려 주지 않은 비밀이 나중에 들통이 나면 갑자기 관계가 소원해질 정도로 여자들에게 비밀 공유는 친분을 재는 바로미터로 작용한다.

반면에 남자들은 원시시대부터 능력별 서열에 따라 맡겨지는 일이 달랐다. 남자들에게 서열은 자신의 정체성이자 자존심이었다. 남자들은 친분에 관계없이 항상 서열 다툼을 해야 했고, 그 때문에 언젠가 악용될 수도 있다고 생각해서 아무리 친한 관계라 해도 비밀을 털어놓지 않았다. 그래서 여전히 대부분의 남자는 부모, 부부, 연인 등 가까운 사이에게도 비밀을 털어놓지 말아야 한다는 원칙을 가지고 있다.

이처럼 남녀 간에는 '친분'에 대한 개념이 매우 다르다. 비밀 공유를 유대 관계의 지표로 삼는 여자들은 남자들이 친해진 후에도 비밀을 털어놓지 않아 불만이고, 신상 털기와 친분 정도를 별개로 여기는 남자는 여자가 친해지면 신상을 깊이 캐묻거나 둘 사이의 비밀을 흘리고 다니는 것을 부담스러워 한다.

남녀 간의 '친분' 개념 차이를 인정하지 못하고 자기 기준에 맞추어 말하면 직장의 남녀 동료, 부모, 부부, 자녀, 연인 간에도 불필요한 오해가 생겨 대화가 막히기 쉽다.

경력 4년차인 여직원 E씨는 오랫동안 친하게 지낸 대학 선배이자 직장 선배인 A씨에게 유부남 동료와 연애 중이라는 비밀을 자세히 털어놓았다. A씨가 나중에 자신의 비밀을 알게 되면 섭섭해 할 수도 있을 것이라고 생각해 고민 끝에 함부로 소문내지 않을 것이라 믿고 비밀을 고백한 것이다. A씨는 E씨의 고백을 들은 뒤 "마음고생이 정말로 심하겠구나. 괜찮은 남자라면 유부남이든 뭐든 당연히 끌리지. 나도 그런 사랑을 한 번 해 볼 수 있다면 얼마나 좋을까?"라며 진심으로 위로해 주었다. 그 후 두 사람의 관계는 더욱 가까워졌다. E씨는 유부남과의 사이에 작은 문제라도 생기면 항상 A씨와 상의했다.

그런데 얼마 후, A씨가 E씨의 직속 상사로 진급을 했다. E씨는 그 누구에게도 털어놓지 않은 비밀을 공유한 A씨가 직속 상사가 되자 기분이 묘했다. 그래서 제대로 축하 인사도 하지 못했다. 자격지심 때문인지 상사가 된 A씨가 예전과 다르게 보였다. 예전 같으면 선배가 달라져 보인다고 스스럼없이 말했겠지만 이제는 그럴 수 없어 마음만 불편했다.

인간관계란 한 번 엇나가면 깨진 유리처럼 원상복구가 어려운 법이다. 따라서 언젠가 악용될 수 있는 비밀을 절대 발설하지 않는 선에서 친분을 유지하는 것이 좋다. 그런 의미에서 비밀 공유와 친분 정도를 분리하는 남자들의 생각을 이상하게만 여기지 말고 진심으로 이해하기 위해 노력해야 한다.

남녀의 '친분' 개념 차이는 가정이나 연인처럼 가까운 사이일수록 더 많은 문제를 일으킨다. 여자는 배우자, 연인 등 가까운 사이일수록 사소한 비밀까지 털어놓기를 원한다. 만약 털어놓지 않으면 친분을 인정하지 않는 것으로 여겨 배신감까지 느낀다.

또한 비밀 공유가 친분의 바로미터인 여자들은 연애 중에 애인과 나눈 이야기, 데이트 중에 일어난 일들을 친구들에게 공개하고 연애의 기쁨도 공유하려고 한다. 그러나 남자는 두 사람 사이의 비밀을 공개한다는 것은 자신들의 관계를 가볍게 여기는 것으로 생각한다. 그로 인해 애인이 자신들의 데이트 방법을 다른 사람들에게 공개하면 몹시 불쾌하게 여겨 이 문제로 관계를 끝내기도 한다.

28세 여성 K씨는 성격이 밝아 친구가 많다. 그녀는 남자 친구를 사귄 후로 데이트 준비 과정은 물론 두 사람이 주고받은 대화까지 친구들에게 낱낱이 공개했다. K씨가 자신과의 데이트 내용을 친구들에게 모두 말한다는 것을 알게 된 남자 친구는 그녀가 자신을 진지하게 사랑하지는 않는다고 생각했다. 공과 사를 구분하지 않고 사생활을 지나치게 공개하는 것은 그녀가 자신과의 데이트를 소중히 여기지 않은 것이라고 생각한 것이다.

남녀 간의 친분에 대한 개념 차이는 성이 다른 부모, 자녀 간에도 대화를 방해하고 갈등을 일으키는 원인이 된다.

사춘기 아들을 둔 여성 공무원 Y씨는 얼마 전에 아들의 여자 친구 문제로 크게 다툰 뒤 아들과 사이가 멀어졌다며 이렇게 말했다.

"중학교 때까지만 해도 엄마 말을 잘 듣던 아들이 고등학교에 입학하더니 갑자기 달라졌어요. 혹시 아들에게 비밀이 생긴 것은 아닌가 싶어서 아들 컴퓨터를 몰래 뒤져 보다가 여자 친구가 생겼다는 것을 알게 되었죠. 제가 아들이 여자 친구를 사귀는 것을 반대할 만큼 고루한 사람도 아닌데 여자 친구가 생긴 것을 비밀로 했다는 것에 충격을 받았어요. 그래서 아들이 학교에서 돌아오자마자 '왜 엄마한테 여자 친구 얘기 안 했어?'라고 물어보았어요. 그러자 이 녀석이 '엄마는 무식하게 왜 남의 방을 뒤지는 거예요?'라며 소리를 버럭 지르는 게 아니겠어요. 저는 울컥해서 더 크게 고함을 질렀고, 결국 큰 싸움으로 번졌어요. 저는 아들이 그렇게 크게 화내는 모습을 처음 보았어요. 그날 이후 아들은 저만 보면 피하려고 해요. 온 가족이 모여 식사를 할 때도 제게만 눈길을 주지 않더라고요. 제가 아들에게 여자 친구를 사귀지 말라고 잔소리한 것도 아닌데 어떻게 그렇게 엄마를 무시할까 괘씸하다가도 어떻게 해야 아들이 화를 풀지 고민하게 돼요."

엄마는 자신과 아들 사이에는 비밀이 없어야 한다고 생각하고, 아들은 아무리 엄마라 해도 사생활은 보호해 주어야 한다고 생각해 이런 갈등이 생긴 것이다.

남녀 간에 서로 다른 '친분' 개념을 인정하고 자신의 비밀을 어디까지 공개하고 어디까지 비공개로 간직해야 할지 선을 그어 두어야 한다. 그렇지 않으면 직장의 이성 동료, 배우자, 연인, 자녀와의 대화에서 친분에 대한 오해 때문에 불화와 갈등이 생길 수 있다.

Solution

여자

여자는 비밀을 공유하고 남의 뒷담화를 나누는 것으로 친분을 두텁게 할 수 있다고 생각하지만 남자는 비밀 공개와 친분은 별개라고 생각한다. 아무리 가까운 사이라 해도 남자들에게 비밀을 캐물으면 부담을 느껴 오히려 더 감추려고 한다. 과거부터 남자들은 서열을 중요시하고, 아무리 친해도 언젠가는 서열 상승을 두고 경쟁을 해야 한다고 생각하기 때문에 비밀을 털어놓으려고 하지 않는다. 이러한 사고를 가진 남자들의 특성을 이해하고 가급적이면 꼬치꼬치 캐묻지 않는 것이 현명하다. 남자들은 상대방이 자신의 비밀을 캐려고 하는 것이 느껴지면 적대감이 생겨 오히려 거리를 둘 가능성이 크다. 남자와의 공동생활을 평화롭게 유지하려면 친분이 있다고 비밀을 공유해야 한다는 사고를 버려야 한다.

남자

남자는 아무리 친해도 서열 다툼에 악영향을 미칠 수도 있는 비밀을 발설하지 않는 사고 모드를 가졌지만, 여자는 비밀을 공유하는 사람 간의 유대가 가장 끈끈하다고 믿어 왔다. 여자는 친한 사람끼리는 모든 신상을 털어놓고 사소한 비밀도 나누고 의논하는 것을 친분의 바로미터로 여겨 왔다. 직장 여성 동료, 상사 등이 사적인 비밀을 캐내려고 하면 악의가 아닌 여자들의 기본 사고 모드임을 인정하고 이해해야 진정한 친분 유지가 가능해진다. 연애 중인 남자는 여자는 상대방을 사랑할수록 데이트 중의 대화, 행동, 분위기 등을 친구들에게 자랑삼아 공개하고 싶어 한다는 심리를 이해하고 받아들여야 그로 인한 오해로 좋은 관계를 깨는 일을 예방할 수 있다.

여자는 남자의 기억력이 항상 문제라고 생각한다.

그러나 일반적으로 남자의 기억력이 빈약한 것은 아니다.

문제는 오히려 각 사람이 어떤 종류의 자료를 기억하고

어떤 종류의 자료를 잊어버리는가 하는 데 있다.

_데보라 태넌(Deborah Tannen)

section

14

기억력

She > 사소한 것까지 기억해야 한다

He > 중요한 일이 아니면 금방 잊어야 한다

"이런! 큰일 났네. 오늘 와이프 생일인데 깜박했어. 축하한다는 말도 안 하고 그냥 출근했으니 퇴근하면 달달 볶이겠지? 엊그제까지만 해도 기억하고 있었는데……."

이런 하소연을 하고 있는 남직원을 보면 대부분의 여직원이 "지금이라도 기억해서 다행이네요."라고 대꾸할 것이다. 남편이나 오래 사귄 애인이 생일 등의 기념일을 까맣게 잊은 경험을 꽤나 했을 테니 말이다. 많은 남자가 아내, 연인, 자녀 생일 등의 기념일을 잘 기억하지 못한다. 그래서 당사자들을 실망시켜 불화를 일으키는 경우가 많다.

반면에 여자들은 대체로 가족 생일은 물론 친인척의 대소사, 친구나 직장 상사, 동료들의 생일 등을 줄줄이 기억한다. 엄청난 기억력을 자랑하는 여자들은 남자들의 빈약한 기억력을 이해하지 못하고, 자신에게 관심이 없거나 무시하는 것으로 간주해 버린다.

남자들은 그런 아내 혹은 애인에게 미안해서 조용히 잔소리를 받아들이지만 속으로는 억울하다고 하소연한다. 아내나 가족들을 무시하거나 애정이 식어서가 아니라 단지 기억이 나지 않았을 뿐이라는 것이다.

남자의 빈약한 기억력은 사소한 것까지 다 기억할 수 있는 여자들의 분노를 사기 쉽다. 그러나 많은 남자의 하소연처럼 남자들의 빈약한 기억력은 대체로 고의성이 없다. 남자는 원시시대부터 사냥, 낚시 등 살생으로 먹거리를 구했다. 살생으로 생계를 유지하는 육식 동물들은 생존의 방편으로 뇌 안에서 살생 등 불리한 기억이 저절로 지워지는 일종의 지우개 기능이 생긴다고 한다. 그렇지 않으면 다음 살생에 나설 수 없어 생존이 어렵다는 것이다. 남자들 역시 수천 년을 살생으로 가족을 먹여 살려 육식 동물의 뇌 속 지우개 기능을 갖게 되었다.

물론 지우개도 경쟁이나 서열 상승 등의 주요 요소들은 지우지 않는다. 그래서 연애 중인 남자는 아직 여자를 완전히 자신의 것으로 만들지 않았다는 경쟁 상태에 있을 때는 여자의 모든 것을 기억한다. 그러나 결혼 등으로 경쟁이 종료되면 지우개가 작동해 약속, 기념일 등을 쉽게 잊는다.

인간의 사고 모드는 후천적 교육과 성장 환경 등에 따라 변화되었지만 이미 형성된 사고 모드의 변화 속도는 매우 느리다. 게다가 인류가 살생 경제 기반을 벗어던진 지는 그리 오래되지 않았다. 제1, 2차 세계대전 전까지 이어졌다고 보아야 한다. 그래서 대다수의 남자에게는 불리한 기억들은 저절로 지워지고 생존 경쟁에 필수적인 요소만 집중적으로 기억에 남기는 사고 모드가 남아 있다. 이로 인해 남자는 일상사에 대한 기억력이 빈약한 것이다.

경력 5년차인 여직원 F씨는 작은 규모의 회사에서 일하고 있다. 최근에 조직 확대로 대기업에서 스카우트된 사람이 새 부장으로 부임했다. 새 부장은 직원 휴가에 인색하다는 소문이 자자했다. F씨는 집안일로 다음 달에 반드시 휴가를 써야 했다. 그래서 분위기가 좋은 날을 택해 부장에게 휴가 이야기를 꺼냈다. 부장은 구두로 흔쾌히 허락했다. 그런데 정작 휴가원을 제출하자 눈을 동그랗게 뜨면서 이렇게 말했다.

"아니 갑자기 웬 휴가?"

F씨는 부장의 기세에 눌려 자신 없는 목소리로 "지난번에 휴가 허락하셨잖아요."라고 말했다. 그러자 부장은 목소리를 높여 "내가? 언제? 내가 그랬을 리 없는데!"라며 시치미를 뗐다. F씨는 기가 막혀 자기도 모르게 눈물을 흘렸다. F씨의 눈물을 본 부장은 조금 놀란 눈치였지만 계속해서 '나는 절대 휴가를 허락한 적이 없다'는 표정으로 F씨를 바라보았다.

남자들의 빈약한 기억력은 직장에서는 여직원들과의 소통을 막는 요인이 되기도 하고, 가정에서는 부부 싸움의 큰 원인이 되기도 한다.

"제 남편은 결혼 전까지만 해도 모든 기념일을 기억했다가 흐뭇한 이벤트를 열어 주었어요. 심지어는 우리가 만난 지 며칠이 되었는지도 기억했다니까요. 이 남자는 다른 남자들과 달랐어요. 그래서 결혼을 했죠. 그런데 지금은……"

이처럼 결혼 후 달라진 남편의 태도 때문에 속상해 하는 여성이 많다. 과거에 여자들은 남자가 위험을 무릅쓰고 살생을 통해 먹거리를 구해 오면 다음 먹거리가 유입될 때까지 가족들이 굶주리지 않도록 식량을 적절히 조절해야 했다. 또한 빠르게 성장하는 아이들의 세세한 변화를 관찰하고 미리 대처해야 아이를 제대로 키울 수 있었고, 돌발 상황이 발생하면 이웃과 연대하여 막아야 했다. 이런 상황에서 이웃들과의 유대 관계를 해치지 않으려면 이웃의 애경사까지 정확히 기억하고 챙길 줄 알아야 했다. 이처럼 잊지 않고 챙길 일이 많은 생활 경험은 여자들의 사고 모드에 사소하고 복잡한 일들을 낱낱이 기억할 수 있는 기능을 형성시킨 것으로 추정된다.

지금도 그 사고 모드가 남아 많은 여성이 직장의 남자 동료는 물론, 남편이나 아들 등 주변 남자들의 과거부터 현재까지 자기에게 섭섭하게 했던 일들을 낱낱이 기억에 담아 두어 남자가 비슷한 일을 되풀이하면 일단 화부터 나는 것이다.

5세, 3세 아이들을 둔 워킹맘 R씨는 '오늘따라 일이 몰려 너무 피곤하니 집에 가면 아무것도 하지 말고 쉬어야지.'라고 생각하며 퇴근을 했다. 그런데 집에 도착해 보니 유치원에서 아이들을 데리고 와야 할 남편이 자신의 차례를 잊고 버젓이 쉬고 있는 것이 아닌가. 가뜩이나 피곤해 죽겠는데 남편까지 자신의 일을 제대로 하지 않자 R씨는 이렇게 쏘아붙였다.

"잊을 걸 잊어야지. 어떻게 애들 데리고 오는 걸 잊어? 애들이 선생님 눈치가 얼마나 보이겠어? 당신 하는 일이 그렇지 뭐."

남편은 아내가 한 번 화를 내면 연애 시절부터 지금까지 있었던 자신의 잘못을 모조리 끄집어낸다는 것을 알고 있어서 아이들을 데리고 오겠다며 얼른 자리에서 일어났다.

사소한 것을 잘 기억하지 못하는 남자들은 여자들의 경제활동 참여가 늘자 종종 면목 없는 상황에 직면하기도 한다. 사소한 것까지 낱낱이 기억하는 여자들은 남편 혹은 애인이 기념일에 선물을 해 주는 것을 자기에 대한 관심과 애정의 정도로 여긴다. 그래서 외국에는 아내의 생일이나 결혼 기념일을 대신 챙겨 줄 비서를 두는 남자들도 있다고 한다.

Solution

여자

남자는 수천 년 이상 살상으로 생계를 유지해 육식 동물들의 특징인 불리한 기억 삭제 기능이 생겼다. 지금도 그 기능이 남아 경쟁 중이거나 생존 현안 관련 사항에 대한 기억력은 높지만 불리한 과거, 일상사 관련 사항에 대한 기억력은 빈약하다. 남편 혹은 연인과 무언가를 약속했다면 자주 들여다보는 수첩, 다이어리, 스마트폰 등에 즉각 기록하도록 유도하는 것이 좋다. 조금 번거롭기는 하지만 나중에 기억하지 못했다는 원망을 듣는 것보다 낫다. 여자와 다른 남자의 기억 방법만 인정해도 자주 깜빡거리며 딴소리하는 남자와의 갈등을 크게 줄일 수 있다.

남자

남자들의 기억 처리 방식은 여자들과 다르다. 여자들이 기억해 주기 바라는 일상사의 디테일을 대부분 기억할 수 없다는 점을 인정하고 웬만한 약속이나 꼭 챙겨야 할 일정 등은 반드시 기록해 두는 것이 좋다. 여자들은 약속 불이행을 자신에 대한 불신이나 거부라고 해석한다. 따라서 사소한 약속이라고 해도 반드시 지키도록 노력해야 하고, 지킬 수 없는 약속은 아예 하지 않는 편이 여자와의 대화 막힘을 예방하는 비결이다.

여자는 재앙이나 비극을 당하면 남들에게 자신의 감정을 솔직하게 표현한다.

그러나 남자는 자신의 감정 표현을 억제한다.

남자들은 나약함의 표시로 간주되는 감정을 드러내지 않으려고

농담을 통해 그 비극적인 사건에 대해 간접적으로 발언한다.

남자는 어떤 정서적 고통에 대해 말하기 어려울수록

그 사건을 더욱 농담으로 처리하면서 웃음을 터트린다.

_바바라 & 앨런 피즈(Babara & Ellen Pease)

section

15

농담

She > 농담에도 뼈가 있다
He > 농담은 그냥 농담일 뿐이다

통통한 체격의 직장 경력 1년차인 여직원 T씨는 동료 직원들도 몇 명 끼어 있는 모임에서 대학 동아리 선배이자 직장 선배인 남직원 S씨에게 이런 말을 들었다.

"야! 작작 좀 먹어. 그렇게 살찌고도 더 먹고 싶어?"

S씨는 T씨가 종종 커피 자판기가 놓인 복도 끝으로 불러내 상사와 동료들에게 해야 할 말과 하지 말아야 할 말, 미움받지 않고 과다 업무를 피하는 법, 연대 책임을 면하는 법 등 신입 사원에게 꼭 필요한 정보들을 많이 알려준 고마운 사람이다.

그런데 너무 친하다 보니 직장 동료들 앞에서까지 공개적으로 자신이 치명적 약점으로 여기는 과식 습관과 과체중을 농담 소재로 올려 수치심을 느낄 때가 종종 있다. 고마운 선배에게 자신의 속내를 털어놓기가 어려워 매번 아무렇지 않은 듯 웃어넘기려고 노력했지만 그러한 농담이 자주 반복되자 점차 S씨가 부담스러웠다.

남자에게는 예부터 강한 남성성이 요구되었다. 그래서 "남자는 울면 안 돼.", "계집애같이 마음이 약해서 어디에 쓰겠니?" 등의 말을 들으며 감정 표현 절제와 남성성을 동일시하는 훈련을 받아 왔다. 그러다 보니 남자는 대체로 비극적인 감정 표현에 서툴다.

대부분의 남자가 상대방의 기분을 아랑곳하지 않고 말을 함부로 하거나 약점을 농담 소재로 삼아 마음에 상처를 주고도 자기가 무슨 일을 했는지 모르는 경우가 많다. 서로의 기질을 이해할 수 있는 남자끼리는 별 문제가 없지만 약점을 공개하면 수치심을 느끼게 되어 있는 여자들은 그런 농담을 절대 이해하지 못한다.

여자들은 자녀 양육, 이웃과의 유대를 위해 좋은 감정을 열심히 표현하고, 좋지 않은 감정은 발설을 삼가도록 훈련받았다. 목숨을 건 살생으로 먹거리를 구해 가족을 부양하던 남편과 돌발 위기에 구원을 요청해야 할 이웃의 기분에 맞추어 말하도록 훈련된 여자들은 좋지 않은 감정은 에둘러 표현하고, 좋은 감정은 적극적으로 표현하는 사고 모드를 갖게 되었다. 이처럼 남녀 간의 '농담' 코드는 매우 다르다. 그로 인해 웃자고 한 농담이 갈등의 원인이 되어 대화를 중단시키는 경우가 많다.

남자는 감정 표현을 하는 것을 나약함의 상징으로 인식해 애정, 친밀감 등의 표현을 억제하는 사고 모드를 갖게 되었다. 그러나 사람은 감정 표현을 완전히 배제하고 살 수 없는 존재이다. 그래서 남자들은 남성성을 훼손하는 것으로 여겨지는 감정들을 농담으로 만들어 표현하게 되었다.

미국 로체스터 대학은 여러 실험을 거쳐 남자의 웃음 코드는 우뇌에 몰려 있고, 여자의 웃음 코드는 그 반대쪽에 몰려 있다고 발표했다. 남자는 논리적이고 단계적이며 예측 불허의 펀치 라인에 웃음이 잘 터지고, 여자는 감정을 가볍게 비트는 농담에 웃음이 잘 터진다는 것이다.

감정 표현 절제를 미덕으로 여겨 온 대부분의 남자는 감정 표현을 농담으로 바꾸면 남성성을 잃지 않고도 감정을 전달할 수 있다고 믿는 경향이 강하다. 그래서 많은 남자가 엄청난 사회적 비극, 사건 사고 등이 발생하면 그것을 농담이나 패러디로 바꾸어 표현한다. 세계적인 비극인 미국의 9·11 테러 사건, 다이애나 황태자비 교통사고 사건, 후쿠시마 쓰나미 사건 등이 일어난 뒤 전 세계에서 수많은 남자가 SNS에 이 사건들을 농담과 패러디로 만들어 올린 것도 그런 맥락으로 이해할 수 있다.

전문가들은 남자들이 이처럼 엄청난 비극을 패러디나 농담으로 바꾸어 공유하는 이유는 비극을 겪어 우울해진 사람들에게 웃음을 선사하여 분위기를 밝게 전환해야 한다는 일종의 사명감을 갖고 있기 때문이라고 했다. 그러나 남자들의 이런 특성을 잘 모르는 여자들은 비극적이고 엄숙한 사건을 농담거리로 만드는 남자들의 태도를 도저히 이해하지 못한다.

남자들은 인생을 서열 경쟁으로 보기 때문에 약점을 노출하는 것을 두려워하고, 친분과 비밀 공유를 별개로 여긴다. 그 대신 함부로 약점을 공개하는 사이는 경쟁을 초월할 만한 친분 관계로 여긴다. 남자들이 친한 친구와 만나면 서로 상대방의 치명적인 약점을 농담으로 만들어 놀리는 것도 그런 이유라고 볼 수 있다.

그러나 여자들은 비밀은 공유해도 서로의 약점을 공개하고 놀리는 것은 유대 관계를 해치는 일로 여겨 삼갔다. 그 때문에 여자는 남자가 자신의 약점을 농담 소재로 삼으면 가볍게 받아들이지 못하고 공개 망신 주기 등으로 해석하여 분노하는 것이다.

남편이 부부 동반 모임에서 아내의 순수성을 자랑하기 위해 이렇게 말할 때가 있다.

"우리 집사람은 어린 아이 같아서 내가 없으면 아무것도 못해."

"우리 아내는 너무 순진해서 쌀이 나무에서 열린다고 해도 별 의심 없이 믿을 거야."

하지만 아내는 남편의 의도와 달리 자신을 공개적으로 망신시켜 웃음거리로 만들었다며 상당히 불쾌해한다.

직장에서도 이런 경우가 많이 발생한다. 남자 상사가 아끼는 여직원을 칭찬할 의도로 "우리 김 대리는 너무 순수해서 돌을 케이크라고 말하고 선물해도 맛보겠다며 입으로 가져갈 걸?"이라고 농담을 던지면, 당사자는 이를 칭찬이 아닌 망신을 주는 것으로 오해하여 수치심을 느낄 수 있다.

남녀 공동생활을 원활한 소통으로 평화롭게 유지하려면 남녀 모두 상대방의 농담 개념과 방법을 정확히 알고 방법과 수위를 조절해야 한다. 남자들은 여자들의 치명적 약점은 절대 농담 소재로 삼지 않는 것이 좋고, 여자들은 남자의 농담이 지나쳐도 고의가 아님을 인정하고 정 듣기 거북하면 "저는 그런 농담을 들으면 기분이 상해요."라고 자신의 생각을 정중하게 말해 농담을 멈추게 하는 것이 좋다.

직장 남자 동료나 친구, 가족의 농담이 지나치게 치사하거나 때와 장소에 어울리지 않아도 악의적 의도는 없음을 이해하고 굳이 '나를 모욕하려는 거야.'라고 곡해할 필요는 없다. 남자들도 여자들이 좋아하는 농담과 싫어하는 농담을 미리 알아 두고 웬만하면 여자들 앞에서는 여자들이 싫어하는 농담은 삼가도록 조심해야 평화로운 대화로 좋은 관계를 유지해 나갈 수 있다.

Solution

남자들은 예부터 감정 표현을 자제하는 것이 남자답다는 훈련을 받아 왔다. 그로 인해 감정 표현을 농담으로 대체하게 되었다. 비극적인 사건이나 엄숙한 상황에 대한 감정 표현 대신 '이 일로 우울해진 사람들을 위로하고 싶다.'라는 사명감을 느껴 비극적인 사건을 농담이나 패러디 소재로 삼기도 한다. 여자들은 그러한 남자들의 농담의 용도를 이해할 필요가 있다. 그럼에도 남자들의 농담이 듣기 거북하다면 "그런 농담이 자꾸 듣는 게 불편하다."라고 분명히 밝히는 것이 좋다. 직설 표현에 익숙한 남자들은 쿨하게 의견을 수용할 가능성이 크다. 남자와 여자의 농담 코드가 다르다는 점을 인정하고 어떻게 다른지 제대로 이해하여 지나친 농담을 무조건 회피하기보다 받아들일 수 있는 것과 없는 것의 선을 분명히 밝혀 두는 것이 남녀 간의 관계 개선에 도움이 될 것이다.

여자들은 친분 정도를 비밀 공유로 측정하지만 약점 공개는 피하는 것을 기본 매너로 여긴다. 특히 외모 등 여성성을 공격하는 농담은 수치심을 안겨 주기 때문에 신체적인 약점 등을 농담 소재로 삼지 않는 것이 좋다. 여자들은 섹스에 대한 농담도 도를 넘으면 수치심을 느낀다. 여자가 내숭 때문에 성에 관한 농담을 싫어하는 것으로 여기고 밀어붙이면 '지저분한 사람'이라는 이미지만 생길 수 있으니 여자가 싫다는 기색을 보이면 당장 멈추는 것이 좋다. 만약 자기도 모르게 남성의 특성대로 여자가 싫어하는 소재의 농담을 했다면 즉시 사과를 해야 한다. 굳이 농담으로 분위기를 전환시키고 싶으면 "분위기 전환을 위해 제가 재미있는 이야기를 해 줄게요."라고 말하고 웃음을 선사하면 별다른 오해 없이 분위기를 바꿀 수 있다.

남자는 셋 이상이 모이면 서열을 만들고 여자는 셋 이상이 모이면 파벌을 만든다.

《채근담》

section

16

서열

She > 여자에게 서열은 불편한 장벽이다

He > 남자에게 서열은 정체성이다

"행사에 참석하러 오신 지역 유지 한 분이 좌석 배치에 불만을 표하고 그냥 돌아가셨다고 하네요."

"좌석 배치가 왜?"

"글쎄요. 자기를 우습게 안다고 투덜대며 나가셨다고 해요."

예전에 지역 방송국에서 근무하면서 겪은 일이다. 지역 행사를 주관하던 지역 방송국에서 방송 국장이 손수 좌석 배치표를 만들어 담당 부장에게 건네주며 차질 없이 일 처리를 하라고 여러 차례 당부했다. 좌석 배치 책임자는 여자 부장이었다. 여자 부장은 사건 경위를 이렇게 보고했다.

"국장님이 배치하신 좌석대로 손님들을 앉히려고 하는데 어떤 분께서 시장님 곁에 앉더니 막무가내로 비켜 주지 않아 원래 그 자리에 앉으셔야 하는 분을 조금 뒤쪽에 앉도록 배치했습니다."

그러자 국장은 화를 내며 "그럼 나한테 즉각 보고를 해서 조치를 취했어야지 그토록 중요한 문제를 상의도 하지 않고 멋대로 변경했단 말이야? 그분이 행사 기부금을 가장 많이 내기도 하셨고, 특별히 시장님 옆자리에 앉게 해 달라고 부탁까지 했다고."라고 말했다.

훗날 회사를 그만두고 미국에 가서 커뮤니케이션 공부를 한 뒤에야 남자들에게 서열 개념은 정체성 그 자체라는 것을 알게 되었고, 그 당시 국장이 왜 그렇게 화를 냈는지 이해하게 되었다. 그때 여자 부장이 남자들의 서열 개념에 대해 조금이라도 알았다면 훨씬 쉽게 문제를 해결했을 것이다.

남자들의 서열과 자존심을 동일시하는 사고는 원시시대 때 무리를 이루어서 사냥터나 바다, 강, 전쟁터 등 위험 지역에서 경제활동을 하면서부터 형성되었다. 남자들은 목숨을 걸 정도의 위험을 무릅쓴 경제활동을 안전하게 잘하기 위해 배짱과 체력, 판단력을 두루 갖춘 사람에게 지휘권을 주고 남은 사람들도 능력별로 서열을 매겨 일사불란하게 움직이는 체계를 만들었다. 그 덕분에 효율성을 높이고 인력 손실도 크게 줄일 수 있었다. 이 체계는 지금까지 이어졌고, 서열은 남자의 능력을 재는 바로미터이자 대접받는 기준으로 굳어졌다.

그래서 남자들은 높은 대접을 받고 권력도 누릴 수 있는 서열 상승을 위해 자신의 모든 것을 건다. 서열이 높아지면 자신은 물론 가족까지 특권과 권력을 누릴 수 있었다. 그러다 보니 남자들은 어렵게 취득한 서열을 인정해 주지 않으면 분노하는 사고 모드를 갖게 되었다.

반면에 여자들은 공동체 사람들과 동등한 유대 관계를 유지하여 맹수와 도적, 이웃 부족 등의 기습을 막고 자식과 가정을 지켜 왔다. 동굴을 지키기 위해서는 여자들끼리의 동등한 공생이 중요했다. 공동체 안에서 서열을 따지면 오히려 미움을 받고 왕따가 되기도 했다. 그런 경험의 축적으로 여자들은 서열 의식이 희박하고 동등한 관계를 중요시하게 되었다. 사회가 복잡해지고 인구가 늘자 마음이 맞는 사람들끼리 파벌을 만들기는 했지만 개인의 서열은 여전히 중요시하지 않는 편이다. 여자 아이들은 고무줄 놀이, 수건 돌리기 같은 참가자 모두가 동등하게 놀 수 있는 단체 놀이를 즐기고, 남자 아이들은 권투, 검도, 태권도 등 개인기가 돋보이는 운동을 더 선호하는 것도 하나의 증거라고 볼 수 있다.

현대의 직장은 남자들에게 있어서 옛 사냥터의 연장선상이라 할 수 있다. 치열한 서열 쟁탈전의 현장인 것이다. 그 때문에 직장 남성들은 자신의 서열 상승에 방해가 될 만한 대상을 만나면 잔인하게 공격해서라도 자신의 서열을 지키려는 본능이 발현된다.

서열을 따지지 않고 동등한 관계를 중요시하는 여자들로서는 상상하기 힘든 야비하고 잔인한 방법으로 서열을 지키려 하는 경우도 많다. 많은 남자가 똑똑하고, 일 잘하고, 아이디어가 톡톡 튀는 여자들은 자신의 서열을 위협할 수 있을 것으로 보고 경계하고, 예쁘고 순종적이며 애교 많은 여자에게는 더 많은 호감을 표하는 경우가 많은 것도 그 때문이다.

대기업 인재 개발부의 여자 부장 N씨는 회사의 인재 양성을 위한 창의적 교육 프로그램을 개발하고 인재 선발 기준을 표준화하여 좋은 인재를 발굴함으로써 탁월한 실적을 쌓았다. N씨는 경영진도 그 점을 인정하고 있을 것이라고 믿고, 자신이 최초의 여성 임원이 될 것임을 조금도 의심하지 않았다. 그러나 결과는 생각했던 것과 달랐다. 전혀 예상하지 못한 인물이 임원으로 진급한 것이다. N씨는 회사에 대한 배신감과 실망감으로 크게 낙담했다. 실상을 알고 보니 N씨가 진급에 중요한 의사 결정권을 가진 상무의 서열을 자기도 모르게 무시해 괘씸죄에 걸린 것 같았다. 상무는 N씨와 동등한 부장 직군에 있다가 최근에 상무로 진급했다. N씨는 그와 친하다고 생각하고 새로운 직함을 호칭으로 사용하지 않고 예전처럼 스스럼없이 반말을 사용했다.

서열을 중요시하는 남자의 특성이 강한 상무는 N씨가 자신과 맞먹으려고 한다며 주변 사람들에게 불쾌감을 표시하곤 했다. 알고 보니 상무는 경영자의 가족이었고, N씨의 진급에 막강한 발언권을 가지고 있었다. 그녀는 별 생각 없이 친분의 의미로 서열을 신경 쓰지 않고 친근하게 대하려고 했다가 의도하지 않게 남자의 자존심을 건드려 엉뚱한 피해를 입은 셈이다.

남자와 여자의 서열에 대한 개념 차이를 모르면 서열 대접에 대한 오해와 갈등, 대화 단절 현상이 나타날 수 있다. 연애 중인 커플은 남자의 서열을 무시하는 여자의 말투 때문에 연애가 깨지기도 한다. 최근 맞벌이가 늘고, 아내의 수입이 남편보다 높은 부부가 늘어나는 추세이다. 많은 남자가 그 점이 불편하다고 하소연한다. 그런 부부의 경우 아내가 조금이라도 가장으로서의 서열을 무시하는 것처럼 행동하면 남편의 자존심이 무너져 가정 경제를 아내에게 미루고 제멋대로 살려고 하거나 가정을 등한시하고 밖으로 나돌려고 할 수도 있다.

가정이나 직장에서 남녀가 평화롭게 공생하려면 여자는 남자에게 서열은 자존심과 동일한 것으로 인정하고 일단 조건 없이 존중해 주어야 한다.

남자는 여자에게는 서열 의식이 그다지 중요하지 않아 서열을 존중하지 않는 행동에 고의성이 없음을 인정하고 사소한 언행에 의기소침해지거나 상처받지 않도록 자신을 세뇌해야 한다. 차라리 "내 위상을 무시한 것 같아 기분이 상했다." 정도의 이성적인 의사 표현으로 자신의 생각을 전달해 갈등을 예방하는 것이 현명하다.

Solution

여자

남자에게 서열은 자존심, 존재감 그 자체임을 인정하고 남자의 서열을 훼손하거나 무시하지 않는 것이 남자들과 평화롭게 공생할 수 있는 방법이다. 직장에서는 서열이 조금이라도 높은 남자 동료나 선배, 상사 등의 의자에 허락 없이 앉거나 기물에 멋대로 손대는 것도 서열 무시로 간주되어 분노를 촉발할 수 있으니 조심하는 것이 좋다. 친한 남자 동료가 먼저 진급하여 상사가 되었다면 달라진 호칭과 존댓말을 즉각 사용해 상대편이 서열을 무시하고 맞먹는다는 오해를 하지 않도록 조심하는 것이 현명하다. 또한 남자는 서열이 강등되면 존재감마저 강등되는 것으로 여겨 의기소침해지고 심하면 남성성을 상실할 수도 있다. 그런 일을 당하고도 가정 평화를 지키려면 아내가 남편의 실직, 좌천 등을 진심으로 위로해 주고, 적어도 가장으로서의 서열만은 지켜 주도록 노력해야 일탈 행동으로 본인과 가정이 망가지는 것을 예방할 수 있다.

남자

여자는 파벌은 만들어도 서열은 인정하지 않는 사고를 가졌음을 인정하고 여자의 사소한 서열 파괴 행동에 민감해지지 않는 것이 좋다. 최근 디지털과 지식 생태가 화두로 떠오르면서 상명하달식 수직 리더십이 수평 리더십으로 이동 중이라는 점을 인정하고, 직장 여자 동료들 앞에서 자신의 서열 의식을 노골적으로 드러내는 언행을 삼가는 것이 좋다. 여자가 서열을 침해하는 것으로 보여도 고의성이 없음을 인정하고 평정심으로 대하도록 마음을 다스려야 대화가 막히지 않고 평화롭게 공생할 수 있다. 지금은 수평적 리더십이 대세로 떠오른 시대이니 자신의 서열 중시 사고 모드를 의도적으로 컨트롤하여 여자들의 서열 무시 행동에 둔감해지는 것이 행복하게 성공할 수 있는 비결이다.

권위 있는 남자들이 어떻게 의사를 전달하고 어떤 방식으로 사람을 다루는지에 대한

통찰력을 가지려면 스포츠 서적을 읽는 것이 좋다.

코치들이 어떻게 선수들에게 동기부여를 하고 선수들을 평가하며 훈련하느냐에 대한 이야기는

사람을 다루는 데 필요한 관리 방식과 관리 철학에 통찰력을 주고,

직원들과의 협상과 논쟁을 어떻게 처리할 것인가 하는 문제에 부딪쳤을 때

상황을 올바르게 볼 수 있는 능력을 길러 준다.

해리 레빈슨(Harry Rabinsion)

▲

해리 레빈슨 : 1933년 영국에서 태어난 유명한 럭비 선수 출신. 스포츠 리더십에 대한 유명한 말을 많이 남겼다.

section

17

경쟁

She > 무언가를 할 때 협력 구조를 만든다
He > 무언가를 할 때 경쟁 구조를 만든다

남자들의 오래된 서열 사고는 경쟁에서 이겨야 남자다운 남자로 인정받는다는 고정관념을 만들었다. 과거 남자들은 공동체 내부는 물론 자연재해, 맹수, 이웃 부족과의 전쟁 등 수많은 경쟁에서 반드시 이겨야만 생존을 유지할 수 있었다. 그런 경쟁적인 생활이 수천 년 동안 이어지다 보니 맹수나 들짐승, 자연재해, 이웃 부족과의 경쟁 등이 사라진 지금도 경쟁에서 이겨야 남자로 인정받는다는 사고 모드가 지워지지 않았다. 그래서 요즘도 자동차 앞지르기, 신종 전자제품 사들이기, 사소한 일을 두고 친구나 동료와 경쟁하기, 지지하는 스포츠 팀 응원하기 등에 이르기까지 경쟁으로 남성성을 증명하려는 경우가 많다.

남자들의 경쟁 심리를 리얼하게 그린 영화가 있다. 바로 프랑스 뤽 베송 감독의 영화〈그랑블루〉이다. 내용은 이러하다. 그리스의 작은 마을에서 태어난 자크는 어린 시절에 아버지를 잠수 사고로 잃었고, 유일한 친구 엔조와 잠수 실력을 겨루는 등의 경쟁을 통해 우정을 다지며 성장했다. 먼저 고향을 떠난 엔조가 프리 다이빙 챔피언이 되어 자크를 대회에 초청했다. 엔조로 인해 프리 다이빙 대회에 참가하게 된 자크는 대회에서 우승했고, 엔조가 좋아하고 있는 보험사 조사원 조안나와도 사랑에 빠졌다. 엔조는 자크에게 모든 것을 패배당한 것을 깨끗하게 인정했지만, 자기 자신을 용서하지 못해 무리하게 잠수를 하다가 죽음을 맞는다.

이처럼 남자는 서열에 절대 복종하는 사고 모드를 가져 패배를 깨끗하게 인정하지만, 경쟁에서 진 사실 자체는 오랫동안 상처로 남는다.

반면에 여자는 원시시대부터 협업과 돈독한 유대 관계가 생존을 지켜 준다고 믿어 경쟁을 하는 것보다 소외되지 않는 것에 더 중점을 두었다. 물론 여자도 경쟁을 한다. 하지만 남자들의 경쟁과는 성격이 다르다. 여자들은 무조건 이기기 위해서가 아니라 소외되지 않기 위해 경쟁한다. 자식을 더 나은 학원에 보내려고 하는 것, 더 비싼 명품 가방이나 옷, 집을 욕심내는 것 등은 이미 그렇게 살고 있는 사람들의 그룹에 끼려는 목적이 강하다.

이처럼 경쟁에 대한 남녀의 개념이 달라 남자들은 사회적 경쟁을 위해 가족을 희생시킬 수 있지만 여자들은 그렇게 하지 못한다. 남녀는 삶을 바라보는 태도 자체가 많이 다르다.

경쟁에 대한 남녀의 개념 차이는 직장 생활에서 더 많은 갈등 요소가 된다. 남자들은 직장 업무도 승부가 분명한 스포츠 경기처럼 공을 먼저 빼앗아 득점하는 사람이 기회를 잡는 것을 당연하게 생각한다.

그래서 많은 남직원이 팀워크보다 개개인의 내부 경쟁이 조직을 활성화시킨다고 믿고 화합보다 개인 퍼포먼스 높이기에 열을 올린다. 반면에 화합을 중요시하는 여자들은 직원 간의 대결보다 화합이 기업의 경쟁력을 높이는 핵심 요소라고 믿는다.

종합 편성 방송국에서 3년째 일하고 있는 여자 프로듀서 P씨는 프로그램 개편 때마다 남자 선배 C씨가 자기 아이템을 훔쳐 가서 속상하다고 하소연했다. C씨는 아이템 회의 중에 P씨가 불쑥 던진 말을 중간에 자르고 "그게 아니라 이렇게 바꾸는 게 어때?"라고 말하고는 P씨의 아이디어를 활용하여 파일럿 프로그램으로 만들고, 반응이 좋아 정식 프로그램으로 인정받았다.

보통 여자들은 이런 상황이 벌어지면 아이디어를 낸 사람에게 미안해한다. 하지만 C씨는 아무렇지도 않게 "내가 그 아이디어 짜느라 얼마나 고생을 했는지 몰라."라고 말하고 다녔다. P씨는 사실은 그게 아니라고 말해 봤자 치사해 보일 것 같아 '앞으로는 아이템 회의에서 아무 말도 하지 말아야지.' 하고 굳게 마음먹었다.

하지만 C씨가 회의 도중에 "너는 왜 말이 없어? 아무 생각도 해 오지 않은 거야?"라고 말하며 아이디어를 내놓도록 종용해 어쩔 수 없이 새로운 아이디어를 내놓고, 비슷한 일을 반복적으로 당했다.

남자들의 오래된 경쟁 심리는 직장 생활에서 가장 두드러지게 나타난다. 남자들은 직장이란 곳은 예전 사냥터와 같은 경쟁의 장이기 때문에 남이 쥐고 있는 공이라도 유감없이 빼앗아 먼저 골대에 넣고 싶어 한다. 그리고 그런 행위가 여직원들에게 어떤 불쾌감을 주는지는 알려고 하지 않는다.

그래서 남녀 직원 간의 회의나 협상, 토의, 보고 등에서 많은 남자가 한 번 쥔 공을 놓지 않기 위해 남의 말을 아무렇지 않게 가로채는 일이 많다.

남자들의 경쟁 심리를 잘 모르는 여직원들은 이런 남자들을 "이기적이다.", "욕심이 많다.", "야비하다." 등의 말로 비난하지만 당사자들은 크게 신경 쓰지 않는 경우가 많다. 남자들의 이런 속성을 모르거나 간과해 많은 여직원들이 남자들과의 경쟁에서 어이없는 일로 불이익을 당하는 경우가 많다.

물론 남자들이 볼 때 여자들의 경쟁 심리도 만만치 않을 수 있다. 직장 경력 10년차인 남자 M씨는 이렇게 말했다.

"저는 우리 아이들이 너무 불쌍해요. 아내가 이제 초등학교 저학년인 아이들을 너무 이 학원 저 학원으로 돌려서 숨쉴 틈도 없어요. 아내에게 벌써부터 그럴 필요가 있느냐고 말하면 아내는 소리를 지르며 '한가한 소리 하고 있네. 다른 아이들과 계속 경쟁하며 살아야 하는데 다른 집 아이들만큼은 못 시켜도 너무 뒤떨어지지는 않게 해 줘야 하잖아. 그냥 놔 두면 아이들이 나중에 커서 뭐가 되겠어?'라고 말해요. 그럴 때면 아내와 싸우기 싫어서 그냥 입을 다물어요. 제 아내는 종종 동창생이 명품 가방을 샀다고 투덜대고, 직장 동료가 새 옷을 입고 출근했다고 샘을 내요. 우리 아내만 그런 게 아니라 다른 여자들도 그렇다면 여자들이 남자들의 경쟁심을 비난하는 건 편견 아닌가요?"

남자들은 여자들이 친하게 지내던 이웃이 아파트 평수를 늘려서 이사를 가면 "우리는 언제 이사해?"라고 말하며 배 아파하고, 옆집 아이가 자기 자녀보다 좋은 학원에 다니면 무리수를 두면서까지 학원을 옮기려고 할 때 지나친 경쟁심이라며 비난한다. 그러나 여자들은 자기만 이기겠다고 경쟁하는 것이 아니라 자신을 비롯하여 가족 전체가 더 나은 그룹에 속하게 하고자 경쟁한다. 여자들이 새로운 그룹으로 업그레이드하고 싶어 하는 욕망을 이해하고, 말로 잘 위로해 주면 남자들의 경쟁 심리에 비해 원초적이지 않아 쉽게 가라앉힐 수 있다.

남녀 성비가 비슷한 직장의 경우, 남자들은 여자들이 경쟁이 아닌 화합을 직장 경쟁력의 핵심 요소로 생각한다는 점을 이해하고, 여자들은 남자들이 팀원 간에도 스포츠 경기처럼 각자 더 많은 득점을 노리는 것을 당연시한다는 차이를 이해하면 서로 다른 경쟁 개념 때문에 다툴 일이 크게 줄어들 것이다.

또한 경쟁심을 남자다움의 상징으로 여기는 남자들은 회의나 의논 중에 상대방의 중요한 발언도 서슴없이 가로채고, 자기가 조금 아는 분야에 대해서도 강의하듯 길게 말해 기선 제압을 하려는 경향이 있다. 이때 여자들은 무조건 악의로 받아들이기보다 나와 다른 특성으로 가지고 있다고 생각하고 대처하면 경쟁 문제로 인한 갈등을 훨씬 많이 줄일 수 있을 것이다.

Solution

여자

남자에게 '경쟁'이란 남자다움의 상징이다. 그래서 직장 생활에서 스포츠 경기하듯 상대방의 범실을 유도해 득점할 기회를 노리는 것을 당연하게 생각한다. 직장에서 경쟁 사고 모드를 가진 남자들에게 상처받지 않고 공생하려면 그들의 경쟁 심리를 이해해야 한다. 그러면 스포츠 경기를 관람할 때 일정 팀을 열렬하게 응원하는 일, 자동차 앞지르기를 하다가 멱살 잡고 싸우는 일, 남들보다 먼저 새로운 첨단 기기를 구입하는 일 등을 남자의 원초적 사고로 여기고 눈감아 줄 수 있을 것이다. 직장이나 가정에서 남자들과 조화롭게 상생하며 소통하려면 남자들의 '경쟁' 개념을 인정하고 포기할 것과 주장할 것의 경계를 알아 두는 것이 좋다.

남자

여자들은 화합을 중요시한다. 여자들이 보이는 최근의 경쟁 심리는 소외되지 않고 더 좋은 그룹에 속하고자 생긴 것이다. 그래서 여자들은 발언을 하고 있는데 누군가가 말을 중단시키면 무시당한 것으로 간주하고 심한 모욕감을 느낀다. 여자는 원초적으로 경쟁보다 화합을 중요시하기 때문에 공격적인 말을 들어도 일단 참았다가 나중에 분노하거나 의기소침해져 일할 의욕을 잃는 방식으로 저항한다. 따라서 여자들의 말은 적당한 선에서 수용하고 반론을 제기하지 말아야 여자들의 능력을 극대화하여 조화로운 상생을 할 수 있다.

여자가 직접적으로 표현하지 않으면 남자는 그것에 대해 다른 메시지로 받아들일 수 있다.

여자의 간접 표현이 의도와 다르게 남자를 다그치거나

못마땅해하거나 원망하는 이야기로 들릴 수도 있는 것이다.

남자는 그런 불만을 다루고 싶어 하지 않는다.

그보다는 확실한 요구 사항을 다루고 정식으로 문제를 해결하는 것을 선호한다.

존 그레이(John Gray)

section

18

요청

She > 남의 요청은 눈치껏 알아차려야 한다
He > 말로 요청하는 것만 들어주면 된다

많은 여자가 남자들에게 대화가 잘 통하지 않는다며 이렇게 말하곤 한다.

"어쩌면 그렇게 센스가 없어?"

상대방이 자신의 말이 듣기 지루해 하면 눈치껏 화제를 돌리거나 상대방에게 말할 기회를 넘겨 얼마든지 분위기를 바꿀 수 있는데, 무신경하게 말을 독점해 사람을 난감하게 만든다는 것이다.

원시시대부터 유대 관계가 생존 비결이던 여자들은 타인의 기분이나 감정을 살피는 센서가 발달되었다. 그러나 경쟁에서 이겨 먹거리만 구하면 되었던 남자들은 타인의 기분을 살필 필요가 없어 타인의 기분이나 감정을 알아차리는 센서 기능이 생성되지 않았다.

남녀의 이런 생활환경과 경험 차이는 '요청'에 대해 상반된 개념과 방법을 갖게 만들었다. 여자는 타인의 숨겨진 의도와 생각을 읽는 센서가 발달

되어 굳이 말로 요청하지 않아도 눈치껏 알아서 챙겨 주어야 한다고 생각하고, 남자들은 요청하지 않는 일까지 나설 필요가 없다고 생각한다.

최근에는 남녀 간에 힘의 균형이 이루어지면서 타인의 감정을 알아차리는 센서를 가진 여자들은 그렇지 못한 남자들에게 필요 사항을 알아서 해결해 주지 않는다고 화를 낸다. 이런 상황에서 남자들은 알아서 뭔가를 해 주려고 하면 "왜 괜히 나서?"라고 말하며 화를 내고, 모른 채 넘어가면 "그럴 때 가만히 있으면 어떻게 해? 그렇게 눈치가 없어?"라고 핀잔을 주는 여자들 때문에 어떻게 처신해야 할지 모르겠다고 하소연한다. 그러나 여자들은 남자들이 그런 고민을 하는 것조차 이해되지 않는다고 말한다. 남녀 공동생활에서 소통이 막히지 않으려면 남녀가 상대방의 요청 개념과 방법을 제대로 알고 대처해야 한다.

직장에서 공동 작업을 하면 여직원들이 이런 말을 자주 한다.

"당연히 함께 정리해야 하는 거 아니에요? 남자들은 정리하라고 콕 찍어서 말하지 않으면 절대로 손도 대지 않아요. 도대체 왜들 그러는 건지……."

타인의 감정을 탐지하는 센서가 없는 남자들은 종종 요청하지 않은 일을 자발적으로 처리하기도 하지만 일정 시간이 경과하면 결국 본래의 행동으로 돌아간다.

남자들은 타인의 감정을 잘 읽지 못해 남의 영역을 침해하고도 상대방이 비켜 달라고 요청하지 않으면 미안해하지 않기도 한다. 또한 남의 물건을 말없이 가져다 쓰고는 제때 돌려주지 않거나 문을 막고 서서 누군가가 비켜 달라고 할 때까지 통행을 방해하고도 전혀 미안해하지 않기도 한다. 물론 요즘은 어릴 때부터 그런 행동을 하지 않도록 교육을 받아 조금은 나아지기도 했다. 그러나 남자의 오래된 사고 모드에 없는 타인 감정 감지 센서는 그리 쉽게 만들어지지 않아 교육받지 않은 사항은 쉽게 알아차리지 못한다.

프랜차이즈 요식업체에서 일하는 여자 과장 G씨는 외부에서 진행하는 사업 설명회에 참석할 예정이었다. 그런데 직속 상사인 남자 부장이 중요한 회의를 할 예정이니 잠시 참석했다가 갔으면 좋겠다고 말해 일단 회의에 참석했다. 그런데 부장이 그다지 중요하지 않은 잡담을 늘어놓아 회의 시간이 마냥 늘어졌다. G씨는 마음이 바빠 부장에게 여러 차례 초초한 눈짓을 보냈지만 부장은 전혀 눈치채지 못하고 자기 할 말만 쏟아 냈다. 다급해진 G씨는 결국 "회의가 끝나려면 얼마나 더 걸릴까요?"라고 물었다. 하지만 부장은 개의치 않고 "곧 끝나."라고 말한 뒤 하던 말을 이어 나갔다. G씨는 "지금 나가 봐야 하는데요."라고 말하고 싶었지만 부장의 눈치가 보여 애가 탔다.

나중에 G씨는 "어쩌면 남자들은 그렇게 말귀를 못 알아듣는지 모르겠어요. 눈치를 주어도 모르고, 돌려서 넌지시 언질을 주는데도 못 알아들어요."라며 분통을 터트렸다. G씨가 남자들에게는 타인의 감정을 감지하는 센서가 없다는 것을 알았다면 "저는 사업 설명회 때문에 먼저 일어나야 할 것 같습니다. 양해 부탁드립니다."라고 명확하게 필요 사항을 요청했을 것이다.

보통 여자들끼리는 그렇게 직설적으로 표현하면 '나를 센스 없는 사람 취급한다.'라는 식으로 오해한다. 그래서 여자들은 남자들도 그럴 것으로 여겨 직설적으로 요청하기가 어려운 것이다. 그러나 남자들은 직설적으로 분명하게 요청해야 자기가 뭘 해야 하는지 알 수 있기 때문에 직설적인 요청을 감정적으로 해석하지 않는다.

남자들의 이러한 특성 때문에 가정불화가 생기기도 한다. 나는 명절 때마다 신문이나 잡지사로부터 여자들의 명절 증후군 예방을 위한 대화법 요령을 알려 달라는 전화를 받는다. 대부분 시댁을 방문한 맞벌이 아내들을 위한 정보를 원한다. 명절 때 아내들이 갖는 최대의 불만은 남편이 아내가 시부모에게 친정에 가겠다고 요청하지 못하는 점을 이해하고 친정에 갈 수 있도록 분위기를 만들어 주지 않는다거나 시댁의 과한 노동에서 벗어나게 해 줄 생각조차 하지 않는다는 것이다.

요즘에는 아내도 외동이나 딸만 둘인 가정에서 자란 경우가 많아 시댁에서 얼른 차례를 지내고 친정으로 가지 못하면 부모님이 명절을 쓸쓸하게 지내야 한다. 그런데도 대부분의 남편이 아내의 존재는 안중에도 없다는 듯 행동한다고 한다. 사람은 누구나 자기중심적으로 타인을 판단하기 때문에 아내는 눈치껏 자기 문제를 해결해 주지 못하는 남편이 원망스러운 것이다.

투자 회사에서 일하는 남자 임원 F씨는 투자를 결정할 때마다 여자 파트너가 너무 신중하게 생각해 조금은 답답하다며 "여자는 배포가 부족해서 투자 회사에 안 맞아."라고 불평을 늘어놓았다. 반면 여자 파트너는 깊이 생각하지 않는 F씨를 못마땅해했다.

최근 이 회사에서 외국계 보험 회사에 거금을 투자하는 프로젝트를 진행

했다. F씨는 과감하게 투자를 하고 싶었지만, 여자 파트너의 강경한 반대로 규모를 줄였다. 여자 파트너는 눈치가 빨라 투자할 회사의 형편을 눈치챘지만 F씨는 보이는 현상에만 현혹되어 그러한 것까지 검토하지 못한 것이다. 결국 투자를 받은 회사는 여자 파트너의 예상대로 3년을 채 버티지 못하고 영업 손실이 너무 크다며 손을 털고 나갔다. 그로 인해 투자액 회수마저 불투명해졌다. F씨는 여자 파트너를 구세주라고 생각해야 했지만 고마워하지 않았다. 오히려 "우리가 투자액을 줄여서 그쪽 회사에 자금 문제가 생긴 거야."라고 떠들고 다녔다. 여자 파트너는 그런 말을 들을 때마다 마음이 불편했지만 무시했다. 두 사람은 꽤 오랫동안 관계가 좋아지지 않을 듯했다.

남자와 여자의 요청에 대한 서로 다른 개념을 모르고 자기 방식을 기준으로 삼으면 많은 오해를 불러일으킬 수 있다. 이 문제를 뛰어넘어 남녀 간의 소통이 원활해지려면 여자는 남자에게 타인의 감정을 감지하는 센서가 없다는 점을 알아 두어야 한다. 그리고 요청할 일은 직설적인 표현으로 정중하고도 분명하게 말해야 한다는 점을 인지해야 한다.

남자는 여자가 몸짓과 태도, 에두른 표현 등을 활용하여 무언가를 요청하기도 하고, 알아서 가려운 데를 긁어 주기를 원한다는 점을 알아 둘 필요가 있다.

Solution

남자는 타인의 감정이나 생각을 읽어 내는 센서 기능이 없다는 사실을 인정하고 요청 사항이 있으면 정확한 말로 요청하는 것이 좋다. 남자들은 여자들처럼 타인의 생각이나 감정을 잘 눈치채지 못해 정확하게 요청해도 무례하거나 지나치다고 생각하지 않는다. 오히려 말로 요청해야 무엇을 원하는지 명확하게 알 수 있어 편하다고 생각한다. 이 점만 명심하면 이 문제로 인한 갈등을 줄이고 평화로운 관계를 유지할 수 있을 것이다.

여자는 타인의 표정이나 몸짓 등을 통해 상대방의 감정이나 생각을 읽을 수 있는 센서 기능이 발달되었다. 그래서 타인도 자기처럼 말하지 않아도 요청 사항을 알아서 해결해 주기를 바란다. 여자는 남자가 회의 중에 말을 가로채거나 지나치게 말을 독점해도 그만해 달라고 대놓고 요청하지 못하고 표정이나 우회적인 표현으로 자신의 요구 사항을 전달한다. 따라서 여자가 무엇을 원하는지 표정, 몸짓 등을 읽는 습관을 길러야 여자들과의 대화가 편안해진다.

남자들은 친구 간에 호전적인 태도를 보여도 우정에 금이 가지 않는다.

오히려 이를 우정을 시작하거나 관계를 이루어 나가는 데 필요한 훌륭한 방법으로 받아들인다.

또한 남자들은 자기 말에 동의를 표하는 것보다 반대 의견을 보내는 사람에게 끌린다.

반대를 표현할 수 있는 관계를 더 끈끈한 관계로 보기 때문이다.

반면에 여자들은 가급적이면 남자의 의견에 동의하는 것이 매력적으로 보일 것이라고 착각해

오히려 남자를 잃는 경우가 많다.

_데보라 태넌(Deborah Tannen)

section

19

논쟁

She > 논쟁은 대화의 끝장이다
He > 논쟁은 대화의 활력이다

"남자들은 어쩌면 말을 그렇게 무식하게 할까요? 우리 부장은 하루 종일 욕을 입에 달고 살아요. 말만 들으면 금방 살인이라도 저지를 것처럼 살벌해요. 직장 분위기는 전반적으로 좋은 편인데, 그분이 항상 흐려 놓는다니까요. 일도 잘하고 속정도 깊은데, 말 때문에 항상 공을 깎아 먹어요."

"남자들은 당장이라도 싸울 듯이 독하게 말하면 남자다운 줄 아나 봐요. 많이 배운 남자들도 입을 열면 무식한 사람처럼 말싸움을 한다니까요. 대꾸하면 말대답한다고 화내고, 조용히 있으면 더 심한 말을 폭포처럼 퍼붓고, 대체 어떻게 하면 좋을지 모르겠어요."

"남자들은 회의나 협상을 할 때도 남의 말은 듣지 않고 자기 말만 해요. 다른 사람들 생각은 다 틀렸고, 자기 생각만 옳다고 우겨요."

직설적인 표현, 서열 중시, 공격적 사고 모드를 가진 대부분의 남자는 말

역시 공격적으로 해야 남자다워 보일 것이라는 착각을 많이 한다. 때로는 마음 약한 남자들이 더 거친 말로 남성성을 증명하기도 한다.

남자들은 말을 하는 것도 스포츠 게임과 같다고 생각한다. 그래서 조용히 몇 마디로 끝낼 일도 논쟁으로 비화시켜 상대방을 경쟁 구도 안으로 끌어들여 링 안에서 선수끼리 게임을 하듯 논쟁 상황을 즐기려 하기도 한다.

그래서 남자들은 친한 친구끼리 만나면 거침없는 말로 논쟁을 벌인다. 여자들이 보기에는 '저러다 주먹질하고 싸우게 되는 건 아닐까?' 싶을 정도로 팽팽한 논쟁을 벌이지만, 끝나면 언제 그랬느냐는 듯 화기애애한 분위기로 전환시킨다.

반면에 화합을 중시하여 설득과 회유에 익숙한 여자들은 논쟁도 일종의 싸움이라고 생각하여 남자들이 논쟁적으로 말하면 상처를 받기도 한다. 경쟁해서 승리해야 생존할 수 있었던 남자들을 이해할 수 없는 여자들은 논쟁적인 남자들의 태도가 그저 호전적으로 보일 수밖에 없다. 그래서 남자들이 논쟁을 시작하면 강제로 화해를 권하거나 말을 멈추도록 압박하는 것을 일종의 사명감으로 여긴다. 현대에 들어서면서부터 남성의 여성화, 여성의 남성화가 빠르게 진행되고는 있지만 뼛속까지 새겨진 호전적 사고 모드가 근본적으로 변하려면 그만큼의 시간이 더 필요할 듯하다.

〈알렉스 크로스〉라는 영화가 있다. 아름다운 도시였지만 오래전에 폐허로 변한 미국 디트로이트시의 재건 프로젝트를 둘러싸고 주인공인 두 형사가 재벌과 시리얼 킬러를 쫓는 추격전이다. 두 형사는 유치원부터 직장까지 함께한 베스트 프렌드이지만 만나기만 하면 아옹다옹 다툰다. "내가 학교 다닐 때 너를 때리려는 아이들을 대신 때려 주었어.", "네가 그때 얼마나 못났었는지 기억 못해?" 등 상대방의 과거부터 현재까지의 약점을 들춰내며 말싸움을 벌인다. 두 사람이 말싸움을 하는 장면을 보면 과연 그들이 친구 사이인지 의심이 들 정도이다. 하지만 두 사람은 상대방이 어려움에 처하면 가장 먼저 나타나 목숨을 걸고 친구를 돕는다. 이들의 모습을 통해 남자들의 언어가 상당히 논쟁적이라는 것을 잘 알 수 있다.

남자들의 논쟁적인 언어 사용은 경쟁의 산물이어서 여자들이 제아무리 "말 좀 곱게 해."라고 외쳐도 실천으로 이어지기 어렵다.

입사 2년차인 여직원 R씨는 소규모 임대업체에서 사장 개인 비서 겸 경리로 일하고 있다. 지난해의 모든 영수증을 비롯하여 필요 경비 처리용 서류를 모아 회계 사무소로 보내야 하는데, 서류가 너무 많아 중요한 것 몇 가지를 빠뜨리고 말았다. 서류를 검토한 회계 사무소에서 사장에게 전화를 걸어 몇 가지 서류가 빠져 비용 처리 부분이 기대치와 달라질 수 있다고 설명했다.

통화를 마친 사장은 R씨를 향해 목소리를 높이며 이렇게 말했다.

"신입 사원도 아닌데 아직도 장부 정리 하나 똑바로 못해? 도대체 월급 받고 하는 일이 뭐야?"

R씨는 상당히 치욕스러웠지만 대놓고 대응하지 못했다. R씨는 울먹이면서 이렇게 말했다.

"월급이나 많이 주면서 그런 말을 하면 억울하지나 않죠. 다른 회사보다 훨씬 적게 주고, 많은 일을 시키면서 월급 운운하며 큰소리치는 것은 너무 치사하지 않아요?"

 그러나 사장이 R씨에게 큰소리친 것은 선제 공격을 하여 잘못을 인정하게 하기 위함이었지, 결코 다른 의미는 없었다.

 남자들의 독설은 논쟁의 연장선상으로 봐야 한다. 남자들은 화를 내고 기선을 제압해야만 논쟁에서 유리해지고, 그것이 남자가 할 일이라고 생각한다. 그 때문에 여자가 남자의 논쟁적인 말에 어설프게 말꼬리를 잡으면 싸움이 더욱 치열해지고, 대개 여자만 상처를 받는다. 일단 여자가 기선 제압을 당해 주면 상황은 쉽게 종료된다. 이 점을 알아 두면 남자들의 독설에 상처를 덜 받을 수 있다.

 그런데 요즘에는 남자들의 논쟁적인 태도에 염증이 난 여자들이 남자 못지않은 독설로 대응하여 남자를 무력화시키는 경우가 많아졌다. 남자들은 한 가지 일에 집중하면 그 일에만 몰두하고 응용력이 떨어져 여자들의 지그재그 독설에 쉽게 대응하지 못한다.

 여자들은 대체로 말할 때 감정이 앞서 쉽게 흥분하고, 그로 인해 논쟁의 본질을 잊고 비본질적인 이야기로 흘러가 남자들을 어리둥절하게 만들기도 한다. 그러나 남자들은 논쟁에서 지면 의기소침해지고 상대방을 회피하거나 완전한 경쟁자로 보고 모든 것에서 경쟁하려고 한다.

 또한 대화 회피도 서슴지 않아 관계가 크게 깨질 수도 있다. 따라서 그런 방식의 압승은 여자에게 그리 유리하지 않게 작용하기 쉽다. 이처럼 남녀 간의 논쟁 개념이 다르므로 이를 간과하면 사적인 남녀 관계에서도 대화가 막힐 수 있다.

어떤 남자는 데이트 시간에 늦은 여자 친구에게 논쟁을 걸면 여자 친구가 갑자기 마음이 식었다는 둥, 다른 여자에게 한눈을 판다는 둥 대화의 주제를 바꿔 어떻게 대응해야 할지 몰라 난감하다고 호소하기도 한다. 또 어떤 남자는 아내가 퇴근 후에 곧바로 귀가하지 않고 항상 늦는다는 것으로 논쟁을 걸더니 답변할 겨를조차 주지 않고 오래전에 잘못한 일까지 모조리 끄집어 내 제대로 방어하지 못하겠다고 하소연하기도 한다.

문제는 남자가 그런 일을 겪으면 여자와의 논쟁에서 지기 싫어 아예 대화를 기피하게 되기 때문에 진짜로 이긴 것이 아닌 경우가 많다는 점이다. 무엇보다 여전히 직장 등 남자들이 주류인 리그에서는 남자들의 논쟁 방법이 여자들을 압도하기 때문에 여직원들은 현명한 방법으로 그들을 이기겠다는 목표를 가져야 한다.

직장 같은 공식 석상에서의 논쟁은 대체로 여자보다 남자들이 한 수 위이다. 남자들은 공식 석상에서는 가차 없이 말을 가로채고 냉정하게 비판하거나 말도 안 되는 논리로 우기는 것도 서슴지 않기 때문이다. 흥분하면 상대방에 대한 인신 공격을 해서라도 기선을 제압하려 하기도 한다.

반면 화합을 중시하는 여자들은 남자들의 불꽃 튀는 논쟁이 불편해 논쟁에 불이 붙으면 오히려 말을 아낀다. 그리고 논쟁을 벌이는 사람들을 화해시켜야 할 것 같은 사명감을 갖는다.

그러나 대부분의 남자는 여자들이 논쟁을 가라앉히고 화합을 유도하려고 화해를 주선하면 '조직을 화합시키려는 따뜻한 마음'으로 받아들이지 않고 '논쟁에 자신이 없어서 물러서는 무능함의 증거'로 본다. 그래서 남자들보다 훨씬 프로 의식이 강하고 능력도 뛰어난 여자 직장인들조차 남자가 대부분인 경영진에게 논쟁을 통해 자기 역량을 충분히 보여 주지 못해 손해 보는 경우가 많다.

직장에서 성공하고 싶은 여성이라면 남자들과 논쟁을 할 때 팽팽한 긴장감을 조성하고 거기에서 승리해야 한다는 고집을 버려야 한다. 그러고는 남자들의 논쟁에 대한 속성을 인정해 주고 이기는 방법을 찾아야 한다. 남자들을 이기기 위해 남자들의 도전적인 논쟁 방식을 섣불리 흉내 내면 그들의 공격성을 자극하여 더욱 잔인한 대결 구도 속으로 들어갈 수 있으니 말이다.

그리고 여전히 우리 사회는 여자가 남자처럼 행동하면 곱게 보지 않고 소외시키는 경우가 많다. 같은 상황에서 남자끼리 말을 가로채고 불꽃 튀는 논쟁을 벌이면 이런 반응을 보인다.

"기가 세고 당차다."

"역시 남자답게 화끈하네."

"그래! 남자라면 저렇게 자기 주장을 강력하게 펼칠 줄 알아야지."

하지만 여자가 남자들과 똑같이 논쟁적인 태도를 보이면 이런 반응을 보인다.

"여자가 너무 드센 거 아냐?"

"여자가 저렇게 억척스러워서 어째?"

"너무 여자답지 못해."

이런 식으로 부정적인 이미지를 만들어 이른바 왕따를 시킨다는 점을 고려하여 논쟁에서는 한 발 물러나 한 방의 펀치로 이길 수 있는 방법을 모색해야 한다.

여자가 현명하게 직장 생활을 하려면 남자들의 논쟁에 깊숙이 휘말릴 필요는 없지만 남자들의 지나친 독설을 의미 그대로 받아들여 마음에 담아둘 필요도 없다.

남자는 점점 남녀 역할 분담의 구분이 좁아지고 서로의 장점을 조화시켜야 사회와 가정을 잘 꾸릴 수 있는 구도로 바뀌었음을 인정해야 한다. 또한 논쟁보다 협력과 화해를 원하는 여자들의 사고 모드를 이해하고 논쟁거리가 생겨도 적당한 선에서 논쟁을 멈추는 신사도를 발휘하도록 노력해야 한다. 그래야만 평화로운 공생이 가능해진다.

S o l u t i o n

여자

남자는 경쟁과 투쟁으로 생존을 유지해 와 말도 싸움처럼 해야 강력하게 전달된다고 생각한다. 그래서 많은 남자가 좋은 말도 호전적인 논쟁으로 비화시킨다. 평소에 거칠게 말하는 것도 그런 맥락으로 볼 수 있다. 종종 자기들의 사고 모드가 여자들에게도 적용될 것이라는 막연한 기대로 여자들에게도 막말이나 거친 말을 서슴지 않는 남자도 있다. 중요한 것은 남자의 호전적인 태도를 이해하고, '남자들은 원래 그래.'라는 마음을 갖는 것이다. 남자들의 사고 모드는 한 가지 일에 몰입하면 그 일만 생각하는 직진 모드를 가져 남자와의 논쟁에서 쟁점을 비켜 간 지그재그 언행을 사용하면 그들을 이길 수 있다. 그러나 그것이 패턴화되면 남자의 대화 기피를 부르거나 좌절감과 자신감 위축, 반대로 심한 경쟁심을 유발하여 동료라면 협조를 중단하게 만들고, 남편이라면 사회생활마저 위축될 수 있으며, 연인이라면 떠나고 싶은 마음이 들게 할 수 있으니 조심해야 한다.

남자

여자는 태생적으로 논쟁을 기피하려는 사고 모드를 가졌다는 점을 인정하고 거친 말이나 막말은 가급적 삼가는 것이 좋다. 여자들이 논쟁을 피하는 것은 자신감 결여나 무능함 때문이 아니라 논쟁 상황을 화해 모드로 바꾸려는 본성 때문이다. 남자들은 여자들의 무언 대응을 무시하거나 얕보다가 이후에 호되게 당할 수 있으니 조심하는 것이 좋다. 여자들이 사적인 논쟁에서 비본질적인 말로 우기면 논쟁을 포기할 것이 아니라 자세하게 설명을 해 주고 논쟁을 마치겠다고 말해야만 앙금을 남기지 않고 상황을 종결시킬 수 있다.

사과하는 행동은 당신을 지게 만들고 확실한 행동은 당신을 이기게 만든다.

사과는 간결할수록 좋다.

생각이나 느낌, 어쩔 수 없는 상황 등을 설명할 필요는 없다.

그것은 당신의 말을 한 수 꺾을 뿐 아니라 당신의 신용까지 떨어뜨린다.

_로버트 팡테(Robert Pante)

▲
로버트 팡테 : 미국 캘리포니아주 샌프란시스코에서 활동하는 기업 코칭 전문가. 오프라 윈프리 쇼 등에 출연하여 많은 명언을 남겼다.

section

20

사과

She > 잘못을 하면 누구나 사과해야 한다

He > 서열이 낮은 사람이 먼저 사과해야 한다

"네가 어떻게 나한테 그럴 수 있어?"

경력 11년차인 대기업 여자 과장 D씨가 직속 상사이자 입사 동기생인 남자 부장 S씨에게 불만을 털어놓았다. 부장이 자신의 제안서를 멋대로 고쳐 경영진에 보고했다가 망쳐 버렸기 때문이다.

D씨는 S씨가 먼저 진급하기는 했지만 동기였기 때문에 직급을 무시하고 막역한 친구로 지냈다. 최근에 S씨가 친분을 앞세워 D씨의 보고서를 멋대로 뜯어 고치기 시작했다. D씨는 처음에는 화가 나 "고치려면 나한테 물어보고 고쳐!"라고 경고했지만 고친 내용이 원안보다 나아 적당한 선에서 눈감고 넘어갔다. 그런데 이번에는 D씨의 탁월한 제안서를 잘못 고쳐 D씨의 경력 관리에 제동이 걸린 것이다.

D씨는 화를 조절하지 못하고 S씨에게 달려가 "그러기에 내 보고서 함부로 고치지 말랬지!"라고 소리쳤다. S씨는 D씨가 자기 잘못은 생각하지 않고 오히려 친분을 앞세워 상사인 자신을 부서원들 앞에서 망신을 준다며

화를 냈다. D씨는 퇴근을 한 후에 S씨를 만나 "남의 보고서 망쳐 놓았으면 사과라도 해야 하는 거 아냐?"라고 정중하게 말했다. 하지만 S씨는 그보다는 부서원들 앞에서 자신을 망신 준 것을 사과하라며 목소리를 높였다.

남자들은 대체로 웬만해서는 잘못에 대한 '사과'를 하지 않으려고 한다. 잘못을 저지르고도 사과는커녕 적반하장으로 상대방에게 잘못의 책임을 전가해 불화를 일으키기까지 한다.

남자와 여자 운전사 간에 자동차 접촉 사고가 나면 잘못을 저지른 남자가 먼저 화를 내며 목소리를 높이는 것을 흔히 볼 수 있다. 남자끼리도 서로 잘못이 없다며 멱살을 잡고 자주 싸우기도 하고, 심한 경우에는 재판까지 가기도 한다. 여자들은 사람은 누구나 잘못을 저지를 수 있고 잘못을 깨달으면 사과를 하고 서둘러 상황을 끝내야 한다고 생각하기 때문에 그러한 남자들의 태도에 '사과하면 간단하게 끝날 일인데, 왜 저렇게 우기다가 일을 키우지?'라며 혀를 찬다. 남녀의 사과에 대한 개념 차이는 종종 남녀 간의 큰 불화로 이어지기도 한다.

그렇다면 남자들은 왜 사과하기를 죽어라 싫어하는 것일까? 남자들은 원시시대부터 경쟁에 이길 목표로 온갖 굴욕을 다 참아야 했다. 자신보다 서열이 높은 사람에게는 아닌 것을 아니라고 말할 권리가 없었다. 그러다 보니 낮은 자는 사과하고, 높은 자는 사과를 받는 공식이 성립되었다. 게다가 짐승이나 타 민족과의 싸움이 시작되면 수단과 방법을 가리지 않고 상대방을 굴복시켜야 먹거리를 구하고 영토를 확장할 수 있었다. 이 경우에도 진 사람은 이긴 사람에게 잘못의 여부와 상관없이 사과를 해야 했다. 남자들은 원시시대를 벗어난 후에도 종족 간의 영토 싸움을 해야 했다. 진 사람은 사과하고 사과는 곧 비겁한 죽음 또는 노예 신세 전락 등의 치명적 굴욕으로 이어졌다.

최근에는 여성들이 사회로 몰려나와 남녀의 성 역할 경계가 급격히 무너졌다. 그래서 남자가 여자 상사를 모시거나 아내가 남편보다 파워가 센 가정이 늘어나고 있다. 갑작스러운 생활환경 변화로 남자들의 완고하던 사과 기피 모드가 조금은 완화된 것으로 보인다. 그러나 수천 년 동안 '사과'를 '굴욕'과 동일시해 온 사람들이 사과를 쉽게 하기는 어려울 것이다. 여전히 대부분의 남자에게는 '사과'에 대한 부정적인 사고 모드가 강하게 남아 있어 잘못을 저지르고도 사과를 하지 않으려고 버티거나 사과를 하더라도 가급적 간결하게 하고 더 이상 언급되는 것을 차단하고 싶어 한다.

반면에 오랫동안 협업과 유대 관계를 중요시해 온 여자들은 사과할 일이 있으면 즉각 하고, 상대방이 수긍할 만큼 충분히 해야 유대 관계를 유지할 수 있다고 생각한다. 사과에 대한 부정적 견해가 강한 남자들은 여자들의 사과 태도를 보고 비굴하다고 폄하하기도 한다.

IT 기업에서 4년째 일하고 있는 여자 대리 K씨는 유치원에 다니는 큰아이가 갑자기 수두 증세로 고열에 시달려 거의 밤을 새다가 새벽녘에 잠이 들어 다른 날보다 5분 정도 늦게 출근했다.

K씨는 부장에게 자신의 상황을 일일이 설명하며 사과했다. 부장은 "알았으니 신경 쓰지 마."라고 다독여 주었다. 그러나 K씨는 너무나 송구스러

운 마음에 사과하고, 또 사과했다. 그로 인해 부장은 결국 짜증스러운 목소리로 "알았다고 했잖아요."라고 내뱉었다. K씨는 부장의 목소리를 들으니 그가 자신의 사과를 받아들여 주지 않는 것 같아 마음이 상당히 불편했다. 하지만 부장은 K씨가 사과를 너무 질질 끌어 오히려 기분이 더 안 좋아졌다고 말했다.

남자들은 여자의 길고 장황한 사과가 상대방이 사과를 완전히 받아들이게 만드는 좋은 의도를 가졌다는 것을 알지 못해 필요 이상의 사과에 심한 거부 반응을 보인다. 남자들은 대체로 간단한 사과로 상황을 조기 종료시키는 것을 원한다. 남자들도 잘못을 저지르고도 사과하지 않는 사람은 괘씸해 하지만 잘못의 원인, 결과, 경과까지 반복적으로 설명하며 사과하는 것은 오히려 변명으로 받아들인다.

여직원의 경우 남자 상사에게는 큰 잘못에 대해서도 간단한 말로 얼른 사과를 끝내고 더 이상 언급하지 않는 것이 현명하다. 그러나 여자 상사를 모시는 남직원의 경우 간단한 말로 사과를 끝내려고 하면 '성의 없는 사과'라고 생각하게 할 수 있다. 이럴 경우 남직원은 실수나 잘못의 경위, 경과 등을 자세히 설명하고 사과의 말을 한두 차례 더 반복하여 사과다운 사과를 했다는 인상을 풍겨야 한다.

남녀의 서로 다른 '사과' 개념은 사적인 관계에서 커다란 대화 장애 요인이 될 수 있다. 사과를 부정적으로 바라보는 남자들은 애인 혹은 아내가 자기는 이해할 수 없는 이유로 화를 내면 무엇 때문에 화가 났는지도 모르면서 일단 급한 불을 끄기 위해 "미안해. 화 풀어."라고 뭉뚱그려 사과를 한다. 남자로서는 상당히 용기를 낸 것이지만 여자는 자신이 화를 내는 이유도 모르면서 무조건 사과하는 행위가 오히려 무성의하다며 불평한다. 여자들에게 사과는 잘못의 결과가 아니라 잘못으로 인해 자신이 받은 상처를 인정해 주는 것이어야 하기 때문에 더욱더 그러하다.

남자가 여자에게 하는 최악의 '사과'는 적반하장이다. 잘못을 저지르고도 그 원인에 대해 "너 때문이다."라고 핑계대거나 화제를 엉뚱한 곳으로 돌려 더 이상 자기가 저지른 잘못에 대해 언급하지 못하도록 차단하면 여자는 상대방이 잘못을 사과하지 않고 오히려 약 올리는 것으로 간주하여 분노한다. 여자들이 바라는 사과는 사과 자체가 아니라 그 일로 자신의 마음이 얼마나 다쳤는지를 알아주고 공감해 주는 것이다.

반면에 여자들도 남자들이 사과에 대해 얼마나 부정적인지를 알아 두고 간단하고 적당히 넘어가는 사과도 그로서는 상당히 용기를 낸 것임을 인정해 주어야 한다. 미흡한 사과도 적당히 눈감아 줄줄 알아야 관계가 나빠지는 것을 막을 수 있다.

Solution

여자

남자에게 '사과'는 낮은 자의 행위, 전쟁에서 진 자의 굴욕과 동일한 의미를 가졌다는 점을 이해해야 한다. 남자에게 무리한 사과를 요구하거나 정확하게 사과하라고 다그치지 말고 적당한 선에서 받아들여 주는 것이 두 사람 사이의 평화를 유지하는 방법이다. 여자도 사과할 일이 있으면 그 일로 자꾸만 되새김질하여 기억에서 전체를 끄집어 내지 않도록 한 번에, 간단한 말로 사과를 끝내고 더 이상 그 일은 언급하지 않는 것이 좋다.

여자들은 '사과'는 반드시 상대방에게 입력되었음이 확인되어야만 유대 관계가 깨지지 않는다고 생각한다. 상대방이 사과의 말을 충분히 이해할 수 있도록 잘못의 원인, 결과, 경과 등을 장황하게 설명하는 여자들의 사고 모드를 인정하고, 길고 장황한 사과의 말이 듣기 거북하면 "알겠습니다. 사과를 받아들이겠습니다.", "이 일은 없던 일로 하겠습니다." 등의 말로 사과를 분명히 받아들였다고 인증해 주는 것이 좋다. 또한 여자들은 간단한 사과를 부정적으로 생각하기 때문에 여자 상사나 동료, 아내, 연인 등에게 사과할 때는 그들의 방식을 어느 정도 수용해서 잘못한 이유와 결과를 비롯하여 그로 인해 상대방이 받았을 상처에 대한 미안함 등을 언급하며 사과해야 한다.

남자나 여자 모두 과장을 많이 한다.

차이점이 있다면 남자는 사실과 자료를 과장하고, 여자는 개인적인 문제나 남들에 대한 느낌을 과장한다.

남자들은 자기가 하는 일, 연봉, 재산 정도, 인맥, 자신이 잡은 물고기의 길이, 데이트한 미녀들의 수 등을 과장하고

여자들은 '당신은 언제나', '절대' 등의 말로 자신의 감정이나 타인의 감정을 과장해서 상대방의 마음을 흔든다.

_바바라 & 앨런 피즈(Babara & Ellen Pease)

section

21

과장

She > 관심을 끌고자 감정을 과장한다

He > 있어 보이게 하기 위해 능력을 과장한다정년을 4~5년 남긴 공기업 만년 과장 H씨는 부하 직원 서너 명과 구내식당에서 점심 식사를 하고 있었다. 그때, 식당 벽면에 부착되어 있는 TV에서 정부가 새로 선임한 모 공사의 사장 후보 얼굴이 비쳤다. H씨는 잔뜩 흥분한 목소리로 이렇게 말했다.

"저 친구, 고등학교 때만 해도 내 가방이나 들어주던 별 볼 일 없는 친구였는데……. 저렇게 출세할 줄은 꿈에도 몰랐네."

이에 여직원 J씨가 "많이 속상하시겠어요. 그랬던 친구가 과장님보다 훨씬 잘나가시다니……."라고 맞장구를 쳐 주었다. H씨는 기다렸다는 듯이 학창 시절에 자신이 얼마나 잘나갔는지 그리고 TV에 비친 친구가 얼마나 별 볼 일 없었는지 침을 튀겨 가며 열심히 설명했다. 일행은 과장의 말이 대부분 허풍이라는 것을 잘 알았지만 그냥 참고 들어주었다.

남자들의 허풍과 과장은 일상화되어 있다. 직장 생활을 하다 보면 허풍으로 자신을 과시하려는 남자들을 많이 보게 된다. 여자들에게 인기가 없는데도 지나간 연애 스토리를 수없이 입에 담으며 "나를 스쳐간 여자들이 한 트럭이야."라고 외치는 남자도 부지기수이다. 낚시를 하러 가서 겨우 손바닥만 한 물고기를 한 마리를 낚고는 팔뚝만 한 물고기를 바구니 가득 잡았다고 허풍을 떨거나 공익근무요원 출신의 남자가 군 복무 기간에 총기 다루기의 귀재였다는 등 어떻게 보면 귀엽게 느껴지기까지 하는 허풍을 늘어놓는다.

그렇다면 왜 많은 남자가 그토록 자신의 빈곤한 체력을 강인한 체력으로 과장하고, 부족한 성적 매력을 섹시남으로 둔갑시키는 등의 빤한 거짓말을 하는 것일까?

인간에게는 원시시대, 수렵시대, 농경시대, 공업시대까지도 노동력이 유일한 자산이었다. 노동력 생산과 직결된 성적 능력은 남자에게 최고의 자산이었다. 그리고 강인한 체력은 사냥, 낚시, 자연재해 방어 등에도 필수 요소였다. 그래서 남자들에게는 강인한 체력과 성적 파워, 판단력, 순발력 등이 서열 측정의 핵심 요소였다. 이 모든 조건이 완벽하게 갖추어지면 공동체의 우두머리가 되어 다른 사람들을 부리고 가족들까지 그에 걸맞은 대접을 받을 수 있었다.

원시시대를 거치고 민족 간의 영토 뺏기 전쟁이 남자의 주 업무가 된 고대부터 중세까지는 전략적 사고, 전투 능력, 신무기 등을 내다보는 능력, 병력 배치와 용인술 등이 서열 등급 결정 요소에 추가되었다. 시민 혁명 등으로 왕권이 무너지고 제1, 2차 세계대전을 거치며 자본주의가 발달하자 재력과 정치권력이 사회적 파워를 좌지우지하게 되면서 재력과 권력이 서열 등급의 주요 기준에 다시 추가되었다.

그래서 지금의 남자들은 자신의 과거를 잘 알지 못하는 사람들이나 남자들의 서열 사회를 정확히 이해하지 못하는 여자들을 만나면 자신의 강인한 체력, 성적 매력, 권력, 재력, 사회적 지위 등을 과장하여 상대방의 머릿속에 인식된 자기의 서열을 상향 조정하려고 하는 것이다.

아직도 이러한 남자의 속성을 잘 알지 못하는 여자들이 남자들의 말도 안 되는 허풍과 과장에 속아 넘어갈 정도이니, 허풍의 위용을 간과해서는 안 된다. 최근까지도 재벌 자제라고 속여 여러 여자와 성관계를 맺은 남자가 검거되었다는 소식 등이 종종 들려오지 않는가.

그렇다면 여자들은 과장을 하지 않을까? 그렇지 않다. 남자들이 능력을 과장한다면 여자들은 감정을 과장한다.

예부터 여자들은 더 나은 남자의 선택을 받을수록 더 나은 생활이 보장되었다. 그에 따라 자신과 상대 남자의 감정을 과장하고, 이웃과의 유대가 끊어지지 않도록 자신의 감정을 과장하고 조작하는 모드가 생겼다.

요즘에는 여자들도 남자들의 경제생활 영역에 뛰어들면서 남자들처럼 자신의 서열을 증명하기 위해 무리하게 명품을 구매하고 성형으로 외모를 뜯어 고치는 경우가 늘고 있다. 겸손을 주요 미덕으로 추켜세우는 사람이 많아졌다지만, 그래도 아직까지는 남녀가 서로 다른 과장법으로 자기를 어필하여 원하는 것을 얻으려는 경우가 훨씬 많다.

여자의 감정을 과장하는 사고 모드는 주로 상대방의 주목을 받아 자신에 대한 관심을 놓지 않게 하려는 것에 초점이 맞춰져 있다. 여자가 어려운 일을 앞두고 갑자기 눈물을 보이는 것도 감정 과장의 한 표현이라고 할 수 있다. 여자들은 남자들이 여자의 눈물에 약하다는 점을 잘 알고 남자의 마음을 흔들어 자기 목적을 이루고자 눈물을 보이기도 한다.

또한 여자는 감정 과정을 되풀이하다가 점차 자기 확신이 부족해져 자기가 한 일임에도 짜증을 내기도 한다. 한 여자가 모처럼 짧은 치마를 입고 모임에 참석했다. 그런데 누군가가 자신의 옷차림이 야하다고 비난할 것 같아 모임 내내 다리를 부자연스럽게 구부리거나 치마를 자꾸만 끌어내렸다. 그 모습을 본 친구가 "조금 짧긴 해도 잘 어울리는데 왜 그래. 그렇게 불편하면 입고 오지 말지."라고 말했다. 친구는 별 생각 없이 가볍게 말을 건넨 것이지만 여자는 다른 사람들도 속으로는 자신의 옷차림을 비난할 것이라고 여기고 타인의 감정을 자기 기준으로 부풀려 스스로 불편함을 느꼈다.

남편의 늦은 귀가에 대해서도 정확한 이유를 파악하기 전에 "여자가 생긴 게 틀림없어." 등의 생각으로 남편의 감정을 부풀리고 상상을 보태 스스로 분노하는 아내들도 있다.

이처럼 남녀 모두 자신에게 필요한 것을 얻고자 과장법을 사용한다. 이성의 과장법을 제대로 알지 못하면 자신과 다른 과장법을 우습게 여기거나, 속아 넘어가거나, 분노를 유발시키게 된다. 그러나 상대방의 과장법의 용도, 방법 등을 알면 굳이 그런 일을 겪을 필요가 없다.

남자는 더 나은 사람으로 보일 목적으로 자신의 능력을 실제보다 과장하거나 작은 일을 크게 부풀리고, 여자는 더 나은 남자의 선택을 받거나 유대 관계를 높이려고 자신과 타인의 감정을 과장한다.

　서로 간의 과장법을 제대로 알지 못하면 여자는 남자의 과장을 유치한 속임수라고 비난하고, 남자는 여자가 남의 감정을 자기 멋대로 부풀려 생사람을 잡는다며 화를 내게 된다. 그러다 보면 대화가 막히면서 관계가 깨지기 쉽다. 남자는 여자의 감정 과장법을 이해하고, 여자는 남자의 능력 과장법을 이해하면 타인의 과장법을 비난하기보다 적당히 눈감아 줄 수 있어 대화가 편해질 것이다.

Solution

여자

남자의 성적 파워는 유일한 자산인 노동력 증가와 직접적인 관련이 있었다. 그 때문에 가급적 성적 파워, 체력 등을 실제 이상으로 과장해서 타인으로부터 더 높은 대접을 받고 싶은 사고 모드를 갖게 되었다. 점차 판단력, 인내력, 용인술 등이 경제 파워와 직결되어 그런 것마저 과장할 필요성을 느끼게 되었다. 따라서 남자가 상대방을 속여 물질적 정신적 손실을 끼치고 유익을 취하려는 악의적인 허풍이나 과장을 한다면 조심해야 하지만 약골이면서 강인한 체력을 가졌다고 과장하거나, 사회적 지위가 그저 그러면서 예전에는 잘나갔었다는 등의 과장을 하면 자기 처지를 위안받으려는 것으로 보고 눈감아 주는 것이 좋다. 여자들도 감정을 과장하기 때문에 남자들의 과장을 일방적으로 매도하면 안 된다. 그러면 남자들도 여자의 감정 과장을 우습게 여기고 비난하게 되어 대화가 어려워질 수 있다.

남자

여자들은 예부터 협력, 화합, 유대 관계를 중요시했다. 그러한 사고가 지금까지 이어져 여성들은 감정을 과장하여 유대 관계의 끈을 놓치지 않으려고 노력한다. 남편이 한두 번 늦게 귀가하면 "항상 늦는다."라고 과장하거나 직장 여자 동료에게 몇 번 같은 일을 지적하면 "나를 미워한다."라는 식으로 타인의 감정까지 과장하는 경우가 많다. 여자들의 감정 과장은 남자들의 능력 과장과 같은 것이므로 굳이 탓할 필요가 없다. 사실 관계를 분명히 하기 위해 말꼬리를 잡으면 오히려 더욱 위험해질 수 있다. 적당한 선에서 눈감고 넘어가야만 오해가 생기지 않아 소통이 원활하게 진행될 것이다.

남성 위주의 직업 체계는 주로 남자의 뇌 생리학으로부터 생겨난 산물이다.

독단적으로 결정을 내리고 초점을 일원화하며 즉각적으로 행동하는 남자들의 일 처리 방식은

남자들이 세상에 대응하는 본능적인 방어 방식과 매우 유사하다.

또한 뼛속까지 스며들어 있는 무언가를 바꾼다는 것은 매우 어려운 일이다.

비즈니스 세계가 변한다 해도 남자들의 근본적인 부분은 쉽게 변하지 않을 것이다.

그래도 서로 타고난 성질을 이해하려고 노력한다면 보완할 수 있는 방법을 찾을 수 있을 것이다.

바바라 애니스(Babara Annis)

section

22

결정

She > 의논해서 결정하기를 원한다

He > 독단적으로 결정하기를 원한다

사람은 누구나 순간순간 수많은 일을 선택하고 결정하며 살아간다. 사회생활을 하려면 타인과 의논하여 무언가를 결정할 일도 많다. 결정 방법은 개인 차보다 남녀 차가 더 크다. 이성의 결정 방식과 개념 차를 모르면 결정을 둘러싸고 감정이 상해 공동체가 분열될 수도 있다. 남녀 모두 이성의 결정 방법과 개념을 이해하고 조율해야 바른 결정을 내려 평화를 유지할 수 있다.

남녀의 결정을 둘러싼 개념의 뚜렷한 차이는 남자는 자신이 독단적으로 결정할 수 있다는 것, 여자는 사소한 문제도 의논해서 결정해야 한다고 믿는 것이다.

과거 남자들의 세계에서는 공동체의 우두머리가 독단적으로 결정하면 아래 사람들은 무조건 따랐다. 그로 인해 가정에서는 자신이 우두머리라고 생각하는 남자들이 무언가를 독단적으로 결정하고 가족에게 통보하는 일이 많았다. 남자들에게 결정이란 서열이 높은 사람의 절대 권한이었다. 결정을 위해 누군가와 의논하는 것을 굴욕적인 일로 여기기까지 했다. 그 때문에 지금도 친구들과 늦은 시간까지 술을 마시고 있는데 아내에게서 온 전화를 받으면 친구들로부터 "아내한테 귀가 시간까지 허락 받아야 하냐?"라는 말을 듣고, 자존심 상해 한다. 그것이 싫어 전화를 받지 않지 않는 남자도 있다.

반면에 여자들은 공동체 내의 유대 관계를 위해 사소한 것도 반드시 의논해서 결정해 왔다. 소외되지 않으려면 사소할 일 하나도 자기 마음대로 결정해서는 안 되었다. 그로 인해 생긴 사고 모드 때문에 지금도 직장이나 가정에서 자신을 배제하고 무언가를 결정하면 소외감을 느끼고, 나아가 분노를 느끼기까지 한다.

점차 직장 내 남녀 성비가 균형을 이루면서 남녀 팀원 간의 팀 프로젝트, 남녀로 구성된 부서 내의 회의 등이 늘어나고 있다. 그만큼 독단적인 결정 습관을 가진 남자와 반드시 협의와 의논을 거쳐 결정을 내리는 것이 원칙이라고 생각하는 여자가 부딪힐 일이 많아졌다. 회사가 잘 운영되려면 남녀가 서로의 상반된 결정 방법을 이해하여 결정을 둘러싼 갈등을 최소화해야 한다.

과자와 음료 등을 판매하는 기업의 홍보 담당인 여자 부장 O씨는 여러 브랜드를 히트시켜 업계에서 인정받는 유능한 인재이다. 그런데 최근 마케팅 부장이 자신이 만든 브랜드의 홍보 방법을 독단적으로 결정한 것에 화가 나 회사를 떠날 생각까지 했다. O씨는 "제가 만든 브랜드를 홍보할 거면 저와 직접 논의를 하셔야 하는 거 아닌가요? 절 무시하시는 건가요?"라고 불평했다.

반드시 의논해서 결정해야 한다는 여자들의 사고 모드는 종종 독단적인 결정과 판단이 요구되는 고위직 수행에 방해가 되는 경우가 있다. 특히 독단적인 판단을 선호하는 남자 직원들의 원망을 사 리더십을 잃을 수 있다.

식당용 요리 기구를 생산하고 납품하는 중견 기업의 여자 임원 L씨는 부장 시절부터 납품을 하기 전에는 반드시 생산 책임자와 납품 최종 책임자를 불러 문제점을 하나하나 점검하고 의논하여 납품 여부를 결정했다. L씨의 손을 거쳐 납품된 제품은 고객 만족도가 매우 높았다.
그러나 임원이 된 후에도 사소한 일까지 모두 의논하여 결정하려다가 타이밍을 놓치는 일이 많아 남자 부하 직원들의 불만을 샀다. 임원이 되기 전에는 독단적으로 결정할 수 있는 일들까지 담당 직원과 의논해서 신중하게 결정하는 것이 유리했지만 임원이 되고 나서는 혼자 판단하고 결정하여 통보해야 하는 일이 많아진 것이다.
L씨의 부하 직원들은 불필요한 의논 때문에 결정이 늦어져 납품 시간을 어기게 되어 고객사에 사과해야 할 일이 많아졌다며 L씨를 무능하고 리더십 없는 상사라고 평가했다.

남녀의 서로 다른 결정 방법은 가족 관계에서 더 큰 갈등 요인이 된다. 아내는 남편이 가정사를 의논하지 않고 결정하면 자신을 무시한다고 생각하고, 남편은 그 정도 사안은 자기가 결정하고 통보할 수 있지 않느냐고 생각한다. 심지어 남자들은 사소한 것까지 시시콜콜 의논하고 결정하는 것은 아내에게 쥐어 산다는 것의 다른 표현이라고 생각하기까지 한다.

결혼 3년차인 맞벌이 여성 M씨는 시어머니가 이가 상해 식사를 제대로 하지 못하자 남편에게 이렇게 말했다.

"형제끼리 조금씩 돈을 모으면 해결할 수도 있을 텐데, 왜 형님네는 나서지 않는 거지?"

하지만 본인이 직접 나서서 해결해야 한다고 생각하지는 않았다. 형님네가 나서서 해결하자고 제안하면 기꺼이 참여할 생각만 한 것이다. 그런데 얼마 후, 시댁을 찾은 M씨는 시어머니에게 뜻밖의 말을 들었다. 시어머니는 웃음을 감추지 못하며 이렇게 말했다.

"애비가 지난주에 치료를 받게 해 줘서 이제 아무 불편함 없이 음식을 먹을 수 있어. 얼마나 편한지 모르겠다. 너희 부부에게 정말 고맙다."

시어머니 옆에서 남편도 매우 흐뭇한 표정을 짓고 있었다. M씨는 갑자기 목이 메었다. 혼자 따돌림을 당한 것 같은 묘한 기분을 감출 수 없었다. M씨는 시댁에서 나오자마자 남편에게 이렇게 소리쳤다.

"나는 이 집안에서 대체 뭐야. 어떻게 그런 일을 상의도 하지 않고 혼자 결정할 수가 있어."

남편은 아내가 평소에 시어머니 걱정을 많이 해 상당히 고마웠다. 그래서 이번 일도 당연히 잘했다고 칭찬해 줄 것이라고 생각했다. 하지만 아내가 예상과 다른 반응을 보이자 자신의 아내도 다른 여자들과 다를 바 없이 시댁에 돈 쓰는 것을 싫어하는 속물에 불과하다는 생각이 들어 마음이 착잡해졌다.

　의논해서 결정하는 것을 부정적으로 생각하는 남자들은 아내 또는 여자 친구와 의논하여 무언가를 결정할 때면 그녀들의 결재를 받는 것 같은 기분을 든다고 투덜대곤 한다. 독단적으로 결정할 수 있는 위치에 너무 오래 있어 와서 시시콜콜한 문제까지 의논해서 결정하라는 여자들의 주장에 굴욕감을 느낀다는 것이다. 반면에 여자들은 사소한 일일지라도 남자들이 독단적으로 결정해서 통보하면 존재를 부정당한 것 같아 분노가 생긴다고 말한다.
　결정 과정에서 발생하는 남녀의 불화를 뛰어넘고, 남녀의 장점을 살려 상생하려면 남자는 여자들이 독단적인 결정을 어떻게 부정적으로 보는지 이해하고 그들의 방법을 인정하여 가급적 작은 일도 의논한 뒤 결정하도록 노력해야 한다. 만약 사정상 의논하지 못했다면 경위를 설명하고 이해시키는 것이 현명하다.
　여자는 남자가 독단적인 결정을 내리면 분노하기보다 적당히 눈감아 주고, 반드시 의논이 필요한 일은 미리 알려서 남자가 의논을 한 뒤 결정을 내리도록 여자 본인이 챙기는 것이 좋다.

Solution

남자들은 오랫동안 서열이 높은 사람이 내리는 결정은 무조건 복종해야 한다고 생각했다. 또한 자신의 서열이 가장 높은 가정에서는 협의나 타협 없이 스스로 결정해 통보할 권리가 있다고 믿으며 살아왔다. 그래서 지금도 여자가 남자의 독단적인 결정에 강한 불만을 표시하면 '나를 자기 밑에 두려고 하는 거야?'라고 생각해 오히려 분노한다. 따라서 남자의 독단적인 결정이 되풀이될 경우 커다란 불이익이 돌아온다면 반드시 따져서 바로잡아야 하지만 사소한 사안이라면 가볍게 넘어가 주는 아량을 베풀어야 한다. 그래야만 오랫동안 좋은 관계를 유지해 나갈 수 있다.

여자는 과거부터 사소한 것도 의논해서 결정해 왔다. 의논 대상에서 빠진다는 것은 공동체에서 소외당한다는 것과 같았다. 여자들은 이때부터 어떤 사소한 일도 의논해서 결정해야 하며 의논 대상에서 제외되면 소외당한 것이라고 단정하는 사고 모드가 구축되었다. 그래서 남자의 독단적인 결정은 자기를 소외시킨 것이라 해석한다. 가급적이면 여자들과는 사소한 것까지 의논해서 결정한다는 원칙을 지키는 것이 좋다. 그리고 여자들은 의논하여 결정을 내리는 과정에서는 서열을 생각하지 않는다. 따라서 여자와 의논하는 것을 여자에게 눌려 사는 것이라고 생각할 필요가 없다. 그런 사실을 알고 인정하기만 해도 여성들과 갈등 없이 좋은 관계를 유지할 수 있을 것이다.

의사소통에서 정보 영역만이 중요하고 의미가 있다고 생각하는 태도는
개인적 관계를 유지하는 문제가 닥쳤을 때 남자들을 무력한 존재로 만든다.
여자들은 중요한 정보도 없으면서 길게 수다를 떠는 동물이라는 부정적인 고정관념이 형성되어 있지만
서로 대화하는 능력이 있기 때문에 가까운 교우 관계를 유지할 수 있는 것이다.

_데보라 태넌(Deborah Tannen)

section 23

정보 처리

She > 정보의 디테일까지 처리한다
He > 정보의 결과를 처리한다

세제 유통회사에서 일하는 30세의 여직원 Q씨는 부장이 "그래서 결론이 뭐야?"라는 말을 할 때마다 울컥한다. 그럴 때면 부장에게 괜히 의견을 냈다고 후회하기도 한다. Q씨는 요즘 타사의 세제 제품에서 검출된 발암 물질 건이 자사에도 옮겨 붙을 것 같은 불길한 예감이 들었다. 그래서 부장에게 이번 신상품은 조금 기다린 후에 출시하는 것이 어떻겠느냐는 의미로 "자체 검사를 한 번쯤 더 해 봐야 하는 거 아닌가요?"라고 말했다. 하지만 부장은 Q씨에게 그런 생각을 하게 된 이유조차 묻지 않고, 사회가 뒤숭숭할 때 신상품을 출시하면 더 큰 주목을 받을 수 있을 것이라며 신상품을 빠르게 출시했다.

　하지만 얼마 되지 않아 Q씨가 예견했던 대로 SNS에 자사 세제 역시 공인된 기관에서 검사를 받아야 한다는 악플이 쏟아졌다. 언론 매체들도 가세하여 공인된 기관에 함유 물질 조사를 의뢰하는 방향으로 흘러갔다. 그로 인해 회사 전체가 비상에 걸렸다.

남자들은 결과 위주로 생각하고 정보를 단순화시킨다. 반면에 여자는 결과만 생각하지 않고 정보를 디테일하게 챙긴다.

이 차이로 남자들은 종종 여자들의 정보 제공을 신중하게 받아들이기보다 "그래서 결론이 뭐야?"라고 다그치며 잘 듣지 않으려고 한다. 그로 인해 디테일이 필요한 정보를 유실시키거나 기억에서 재생시키지 못해 손실을 초래하기도 한다. 이러한 남녀 간의 정보 처리와 이해 방법 차이를 정확히 모르면 소통이 막혀 충돌하기 쉽다.

남자들은 수천 년 이상 급박한 상황에서 먹을 것을 구해 가족들의 생계를 책임졌다. 상황마다 변수가 많아 정보를 디테일하게 처리할 시간이 없었고, 디테일하게 처리했다 해도 재생할 일이 거의 없었다. 그로 인해 남자들은 모든 정보를 압축하고 추려서 결과만 처리하고, 꼭 필요한 분야의 정보만 디테일까지 챙겨 두는 사고 모드를 갖게 되었다. 이 영향으로 현대의 남성들도 정보를 단순화하여 결과 위주로 처리하고 재생하는 경향이 높다. 그러다 보니 결과 중심의 정보를 제외하고는 쉽게 삭제되어 재생이 불가능해지는 경우가 많다.

남자들이 이성의 옷차림이나 표정 변화, 헤어스타일, 자주 가는 장소의 내부 환경 변화 등에 큰 관심을 갖지 않는 이유는 그러한 정보까지 처리할 필요성을 느끼지 못해 관찰을 면밀하게 하지 않기 때문이다. 남자들의 정보 처리 방식은 그 사람이 동료인지, 친구인지, 가족인지, 식당인지, 커피숍인지 정도의 큰 그림만 처리하고 재생하면 된다는 특징을 가졌다. 그로 인해 이미 A라는 말을 들었음에도 이후 정보가 삭제되어 나중에는 듣지 않았다고 우겨 상대방을 어이없고 서운하게 만들기도 한다.

　반면에 여자는 오래전부터 가족과 이웃에 대한 모든 정보를 세세하게 저장하고 재생하여 잘 챙겨야만 유대 관계에서 소외되지 않는다고 믿어 왔다. 그 영향으로 사소한 정보까지 모두 저장하고 꺼내 쓰는 기능이 발달하였다.

　현대에 들어와 정보를 단순화해서 처리하는 남자와 정보의 디테일까지 처리하는 여자가 일터에서 만나게 되었다. 가정에서도 여성 파워가 강해졌다. 가정은 물론 직장에서도 이 문제로 부딪힐 일이 많을 수밖에 없어졌다. 그러나 이성의 정보 해석과 처리 방법을 알아 두면 의견 충돌을 최소화할 수 있다.

　남직원이 여자 고객을 맞을 때 디테일한 정보를 모두 원하는 여자들의 사고 모드에 맞춰 에피소드 등 스토리텔링 중심으로 말하고 미래에 나타날 문제점까지 언급해 주면 큰 호응을 얻을 수 있다. 반대로 여직원이 남자 고객을 맞을 때 결과 중심의 정보 처리에 익숙한 남자 고객의 니즈에 맞춰 과정 설명을 간략하게 하고 도표나 차트 위주의 결과표를 많이 보여 주면 좋은 반응을 얻을 수 있다.

　남자들이 주요 결정권자인 회사에서는 결과부터 경과까지의 디테일한 설명을 생략하고 간략한 보고, 브리핑 등의 방법으로 정보를 제공하는 것이 좋고 여자들이 주요 결정권자인 회사에서는 디테일 정보 제공을 빠트리지 않아야 소통 효과를 높일 수 있다.

　판매업도 마찬가지이다. 남자 고객은 물건을 고르는 동안 친절하게 따라다니면서 "잘 어울린다." 등의 비실용적 정보를 제공하면 대체로 귀찮아한다. 남자들은 스스로 물건을 고르고 선택하는 것을 남자 또는 고객의 중요한 권한으로 여기기 때문에 판매원이 끼어들어 이런저런 정보를 늘어놓으면 권한을 침해당한 것으로 여기기도 한다. 물건을 고를 때까지 조용히 지켜보다가 고객이 질문을 하면 간결하게 답변하는 정도가 가장 좋은 정보 제공 방법이다.

반면에 여자들은 관심 있는 상품에 대해 판매원이 상품 특징과 장단점, 고객에게 어떤 면에서 어울리는지 등의 상품 정보와 고객과의 관계에 이르는 디테일까지 제공해 주어야 만족하는 경향이 높다.

남성적 사고가 비교적 발달한 여성 고객들은 판매원이 일일이 따라다니며 챙기는 것을 남자들 못지않게 귀찮아할 수 있다. 그러나 여자들은 근본적으로 정보 처리 과정에서 디테일과 검증에 관한 정보를 원한다는 점에서 약간의 세련된 방법을 도입할 필요는 있지만 그렇다고 다양한 정보 제공을 생략할 필요는 없다.

남녀의 정보 처리 방식의 차이도 오랜 생존 행태의 산물이니 상대방의 정보 처리 방식을 자기 방식에 대입하여 해석하고 자기만 옳다고 우기면 충돌에서 벗어나기 힘들다. 상대방의 정보 처리 방법을 정확히 알고 존중해 주어야 상생할 수 있다. 남자들은 생존과 직결된 문제는 정보의 디테일까지 수집하고 보관한다.

그러나 대체로 목표 달성이 끝나면 '목표 달성 끝'이라는 결과만 정보로 남고 나머지는 저절로 삭제된다. 그래서 많은 맞벌이 여성이 남자 상사나 동료들이 사소한 정보에도 밝은 것과 남편의 사소한 정보에 어두운 면을 단순 비교하면서 "다른 남자들은 안 그런데 당신은 왜 그러느냐?"라고 불평하기도 한다. 남자들이 사회적 서열과 생존 관련, 생존에 버금가는 흥미 분야의 정보는 부가적 디테일까지 챙긴다. 그래서 집에서 얻은 정보는 결과 중심으로 러프하게 저장하고 직장의 진급이나 서열, 취미 등에 대한 정보는 디테일까지 저장하게 되어 재생을 잘할 수 있다는 것이다.

그러나 이 역시 용도가 끝나면 폐기한다. 남자의 오래된 정보 처리 방식을 잘 모르면 아내들은 남편이 가정에 소홀하기 때문에 잘 알고 있어야 할 정보도 모르는 것이라고 몰아붙이고, 그로 인해 남자는 분노하여 서로 다투게 될 가능성이 높다. 그러나 남자가 정보의 디테일까지 처리하지 못해 일으키는 문제를 무조건 다그치는 것은 남자들 입장에서 보면 마치 달맞이꽃에게 "너는 그 좋은 햇빛을 놔 두고 하필이면 어두운 달밤에만 피려고 하니?"라고 우기는 것처럼 황당하게 느껴질 수 있다.

정보를 디테일까지 저장하고 재생할 수 있는 여자가 가진 자의 입장에서 남자들의 결과 중심의 러프한 정보 처리 방식을 인정하고 어느 정도는 이해하는 너그러움을 발휘해야 이 문제로 인한 충돌을 최소화할 수 있다.

남자들의 정보의 단순화, 결과 중심 처리, 디테일의 자동 삭제 기능을 알고 나면 남자의 오래된 정보 처리 기능 탓이라는 것을 이해할 수 있어 화가 덜 날 것이다. 남자도 여자의 정보의 디테일까지 처리하는 기능이 위기 상황을 감지하고 예방하는 데 매우 유용하다는 점을 인정하면 여자의 긴 설명이나 충고를 귀담아 들어 많은 위기를 넘길 수 있고 오랫동안 평화로운 상생 관계를 유지할 수 있을 것이다.

Solution

여자

남자들은 정보를 단순화된 결과 중심으로 처리하고, 불리하거나 현재 역점을 두고 있는 일이 아니면 저절로 삭제시키는 사고 모드를 가졌다. 그래서 상대방의 디테일한 정보 제공을 무시하고 결론부터 말하라고 다그치기도 한다. 이런 현상을 악의적이라고 오해하면 대화가 막히고 관계가 깨질 수 있다. 타고난 기능과 본성에 가까운 태도를 바꾸는 것은 거의 불가능하다. 강압적으로 바꾸려고 하면 스트레스만 받고 효과는 없을 것이다. 따라서 정보를 단순화시키고 결과 위주로 처리하는 남자의 특성을 이해해야 한다. 직장 상사나 동료에게 구두로 보고할 때는 추가적으로 메모 등의 방식을 통해 정보를 알려 반드시 저장해야 한다는 점을 강조해야 남자도 중요성을 인지하고 처리할 수 있다. 이러한 노력이 있어야 서로 다른 정보 처리 방법으로 인한 갈등을 최소화할 수 있다.

남자

여자는 원시시대부터 사소한 정보까지 놓치지 않고 처리해야 위급 상황에 필요한 정보를 검색하고 재생할 수 있었다. 그래서 아주 사소한 정보도 단순화하면 불안해한다. 그 때문에 대화 중에 남자가 결론만 말하라고 다그치거나 디테일 정보의 재생을 묵살하면 화가 난다. 여자들은 정보의 디테일에 강해 위급 상황에 대한 센서가 발달했고, 대처 방법도 잘 아는 편이다. 여자와의 대화에서 여자가 저장한 정보의 디테일까지 재생할 기회를 주면 위기 상황을 예방하는 기능을 얻을 수 있다. 여자의 정보 저장 방법이 답답하게 느껴져도 인내심을 가지고 지켜보면 충분히 유용한 정보를 얻을 수 있을 것이다.

남자의 두뇌 파일은 깨끗하게 정리된 사무실의 파일과 비슷하다.
모든 것이 파일로 만들어져 있다. 업무 파일, 아내 파일, 아이들 파일, 골프 파일, 연장 파일…….
파일들을 다룰 때 남자들이 가장 중요하게 생각하는 규칙은 절대 뒤섞지 않는다는 것이다.
남자의 두뇌가 '그게 어디에 있지?', '어디로 가지?', '얼마나 빨리 움직이지?'에 대한 답을 찾는 동안
여자는 '그게 뭐지? 나하고 무슨 상관이지?'를 생각한다.
필요한 것만 구매하는 남자와 달리 여자는 당장 사지도 않을 물건을
장바구니에 담아 놓기만 해도 뿌듯해하여 쇼핑에 중독되기 쉽다.

엘리자베스 페이스(Elizabeth Pace)

▲

엘리자베스 페이스 : 비즈니스 전략가. 3개의 벤처 회사와 생명공학 회사, 5개의 병원이 연합한 비영리 헬스 케어 시스템의 성장 전략을 주도적으로 이끌었다. 각종 기업과 협회, 대학교 등의 단골 기조 연설자이다. 현재는 테네시주 브렌트우드에서 남편과 두 자녀와 함께 살면서 집필에 열중하고 있다. 저서 《쇼핑의 심리학》에서 남녀의 쇼핑을 바라보는 각기 다른 시각을 다루어 큰 호응을 얻었다.

section

24

사교

She > 주요 사교 활동은 쇼핑이다

He > 주요 사교 활동은 술자리나 동호인 모임이다 남녀의 사교 활동 차이로 인한 대화 막힘, 경제적 부담, 가족 간 공유 시간 부족 등은 남녀 간 대화 장애의 주요 원인이다. 남녀의 서로 다른 사교 활동이 가족 화합을 깨는 이유는 여전히 가족 공동체는 모든 일을 함께해야 한다는 농경 사회의 사고가 지배적이기 때문이다.

농경 사회는 가족 단위의 생산과 소비 공동체 조성이 가능했다. 그로 인해 가족을 팽개치고 밖으로 돌며 사교 활동을 할 필요가 없었다. 반면 지금은 가족들이 뿔뿔이 흩어져 다른 곳에서 경제활동을 하고, 가족 외의 사람들과의 사교 활동도 상당히 중요해졌다. 이런 상황에서 여전히 가족은 무조건 함께여야 한다는 사고가 남아 있어 가정불화의 원인이 되곤 한다.

사교 활동에도 원시시대의 경험이 만든 사고 모드가 지배한다. 남자들은 원시시대부터 야외에서 경제활동을 하여 가정인 동굴에서 머물기보다 밖으로 나돌고 싶어 한다. 또한 원시시대부터 유대 관계보다 개인기로 서열이 결정되어 사교 활동도 일 관련 중심으로 해 왔다. 그래서 지금도 많은 남자가 퇴근 후에 자정이 넘도록 밖에서 나돌고 집에 돌아와 아내에게 그리 미안해하지 않는 경우가 많은 듯하다.

이 문제로 인해 직장에서 충돌이 일어나기도 한다. 남직원들은 퇴근 후에 다시 동료들과 뭉치는 회식에 거부감이 적지만 여자들은 과거부터 가족 돌보기가 주 임무여서 회식을 가족과 함께하는 시간을 빼앗는 것으로 여겨 상당히 불편해한다. 게다가 여전히 대부분의 직장에서는 남자들이 주도권을 잡아 직장 사교 활동도 주로 남성들이 좋아하는 퇴근 후 술자리, 야유회, 낚시, 골프 대회 등이 많다. 주로 실내 활동을 해 온 여자들에게는 큰 관심이 없는 종목들이다.

현대 남자들의 주요 사교 활동이 회식이나 술자리라면, 여자들의 주요 사교 활동은 쇼핑이다. 여자들은 공동체에서 좋은 평판을 유지해 소외당하지 않으려고 노력했다.

공동체의 유대 관계는 물건을 공동으로 구입해 돌려쓰는 것으로 유지되는 경우가 많았다. 동일한 물건을 사용한 경험을 공유하며 동질감을 형성하고, 대화의 공감대도 형성할 수 있었던 것이다.

인구 증가와 대량 생산 시대가 오자 물자가 흔해졌다. 여자들은 새롭게 비슷한 물건을 소유하는 사람끼리 유대 관계를 맺고 새로운 그룹을 형성했다. 그러다 보니 잘 아는 사람들의 수준에 맞추어 물건을 구입하려는 욕구가 생겼다. 여자들에게 쇼핑은 단순한 구매 행위가 아니라 사교에 필요한 동질감 형성의 중요한 과제인 것이다.

재미있는 것은 여자들의 쇼핑을 주요 사교 활동으로 끌어들인 것은 남자들이라는 점이다. 근대에 출현한 기업은 대부분 남자들의 설계로 운영되었다. 이들은 대량 생산으로 쏟아져 나오는 상품 판매를 촉진하기 위해 여자들이 유대 관계를 중시한다는 특성을 상품 판매 방법에 결합시켰다. 백화점이나 쇼핑몰은 구매자의 지불 능력에 따라 소비자의 등급을 매기고 그에 걸맞게 그룹 이름을 만들어 사교 활동을 할 수 있는 사교의 장을 만들었다. 그리고 다른 사람들이 가진 물건을 갖지 못하면 소외될 것 같은 불안감이 생기도록 분위기를 조성했다. 그로 인해 여자들은 사교 모임에서 최고의 그룹에 끼고 싶다는 열망을 가지게 되었고, 하나의 물건이 쉽게 유행되는 소비 트렌드가 생겼다.

그러나 현대의 유럽 여성들은 조금 다르다. 유럽 여성들은 상업주의가 크게 발달하기 이전인 19세기부터 남자들과 비슷하게 여가와 사교 활동을 즐겼다. 프랑스의 살롱 문화는 살롱에 모여 음악을 연주하고 감상하거나 시를 짓고 읊는 등 남녀가 함께 즐기던 사교 활동의 모습이라고 할 수 있다.

제2차 세계대전 전후로 미국이 세계 경제를 주도하면서 백화점, 쇼핑몰 등 대형 상업 공간이 생겨 났다. 초기 백화점들은 여성 물품의 소비 촉진을 위해 지출 규모를 등급별로 매겨 그룹을 만든 뒤 여자들에게 사교 활동의 장을 제공했다. 전통적인 사교 활동의 장을 가져 본 유럽 여성들에는 큰 관심을 끌지 못했지만 그러한 문화를 경험하지 못한 미국 여성들에게는 백화점이나 쇼핑몰이 사교 활동의 중심지로 부각되었다.

우리나라에도 여성들을 위한 사교 활동의 장이 딱히 없었다. 그런데 6·25전쟁 이후 미국 문화가 밀려들어 오면서 우리나라 여성도 미국 여성들처럼 쇼핑을 중요한 사교 활동으로 받아들였다.

어쨌든 남녀의 서로 다른 사교 활동은 남녀 간 대화의 커다란 걸림돌이 되고 가정 파탄까지 부를 수 있을 만큼 파괴력이 강하다. 상대방의 사교 활동의 근원을 알고, 문화를 인정해야 가정 평화를 오래도록 유지할 수 있다.

백화점 등이 소비자 등급을 매기는 방법을 거부감 없이 받아들이고 비슷한 등급의 사람들과 수준을 맞추기 위해 쇼핑을 하다가 과다 지출로 남편의 불만을 사는 여자가 많아졌다. 남자들은 여자들이 단순히 실용적인 물건을 구매하는 행위인 쇼핑을 사교 활동과 연계한다는 것 자체가 미스터리로 느껴질 수 있다. 그래서 대부분의 남자는 쇼핑이 곧 낭비라고 생각한다.

그러나 여자들은 소외감에서 벗어나고자 쇼핑을 한다. 그래서 최고의 그룹이 많이 구매하는 브랜드의 상품에 쉽게 현혹당하고, 억압당할수록 더 강하게 쇼핑에 집착한다. 이러한 심리는 누구나 가지고 있다. 남자들에게 그토록 좋아하는 술과 담배를 끊게 하면 몰래 숨어서라도 욕구를 해결하고 싶어질 것이다.

아내 혹은 여자 친구의 쇼핑을 말리기 전에 혹시 외로움을 느끼고 있는 것은 아닌지 살펴볼 필요가 있다. 여자들의 사교 활동과 쇼핑은 거의 동일시되고 있어서 외로우면 더 많은 사교를 위해 쇼핑에 집착할 수 있기 때문이다. 남편이 너무 밖으로 나돌고 아내를 외롭게 방치하면 아내를 쇼핑 중독자로 만들 수 있다는 점을 인정해야 한다.

따라서 남녀가 서로 다른 사교 문화 생활의 행태를 근원적으로 이해하고 어느 정도 선을 그어 그 범위 안에서는 쿨하게 인정해야 한다. 그리고 가계 부담을 가져올 요소에 대해서는 서로 사전에 협의하여 원칙을 세워 두면 이 문제로 대화가 엉기는 것을 예방하고 좋은 관계를 유지해 나갈 수 있을 것이다.

Solution

여자

원시시대부터 주로 야외에서 활동했던 남자들은 여전히 가정에 머무는 시간이 적을수록 남자답다고 생각하는 경향이 있다. 그래서 아내 혹은 연인이 남자가 외부 활동에 너무 많은 시간을 쓴다고 투정하면 자존심이 상할 수도 있다. 남자의 사교 활동의 근원적인 성격이 외부 활동임을 인정하고 자율권을 주는 것이 오히려 가사 참여 등을 쉽게 유도할 수 있다. 남자들은 일을 중심으로 하는 사교 활동에 익숙하여 직장 회식이나 고객과의 모임 등을 많이 갖는다. 여자 입장에서는 잦은 사교 활동이 불필요하게 느껴질 수 있지만 사교 활동이 진급이나 실적에 직접적인 영향을 미칠 수 있다는 점도 이해해야 한다. 사교 활동 때문에 데이트를 연기하거나 가사 분담을 소홀히 할 경우 사전에 협의해서 나중에 보상하도록 하는 등 유연성을 가지고 대하면 이 문제로 인한 대화 충돌을 줄일 수 있을 것이다.

여자들은 과거부터 유대 관계를 중요하게 생각했다. 이때 유대 관계는 같거나 비슷한 물건을 사용하는 것을 통해 이루어졌다. 이런 여자들의 원초적 사고 모드가 대량 생산 시대와 맞물려 상업적으로 이용되면서 자신이 속한 공동체 사람들이 가지고 있는 옷과 가방 등을 자신도 반드시 가지고 있어야 그들과 동등해진다고 생각하게 되었다. 즉 쇼핑 품목과 가격대에 따라 어울릴 수 있는 공동체 수준이 달라지고, 이로써 이미 속한 공동체 내에서 소외당하지 않을 수 있다고 믿게 된 것이다. 따라서 여자들의 쇼핑을 무조건 말리고 쓸데없는 낭비라고 몰아붙이는 것은 여자의 사교 활동을 원천 봉쇄하는 것과 같다. 적어도 여자들이 자기가 속한 그룹 안에서 소외감을 느끼지 않을 정도, 도가 지나쳐 가계 부담이 커지지 않는 정도는 눈감아 주는 것이 현명하다.

사랑은 신뢰를 본질로 한다.
신이 존재하느냐 않느냐는 아무래도 좋다.
믿으니까 믿는 것이다.
사랑하니까 사랑하는 것이다.
대단한 이유는 없다.

_로맹 롤랑(Romain Rolland)

▲
로맹 롤랑 : 프랑스의 문학가이자 사상가. 1889년에 파리 고등사범학교를 졸업한 뒤 로마로 가서 유학 생활을 하였다. 20세기 프랑스 문학계에서 위대한 작가 중 한 사람으로, 1915년에 노벨 문학상을 수상했다. 《사랑의 노래》등 여러 작품을 남겼다.

section

25

감정 표현

She > 표현되지 않은 감정은 없다

He > 감정을 함부로 표현하면 훼손된다

여직원들은 종종 이런 푸념을 늘어놓는다.

"무슨 생각을 하고 있는지 말을 하지 않으니 속을 알 수가 없어요."

"우리 부장은 싫으면 싫다, 좋으면 좋다, 표현을 잘 안 해요."

"갑자기 버럭 화내는 일이 많아서 기분을 맞추기가 어려워요."

요즘에는 예전에 비해 감정 표현을 잘하는 남자들이 많이 늘었지만 일반적으로 남자들은 감정 표현에 인색하다. 감정 표현을 제대로 하지 않으면 속이 따뜻한 사람도 냉정해 보이고 가까이 다가가기가 어렵다. 직장 성비의 균형이 이루어지면서 표현을 잘 하지 않는 남자들 때문에 스트레스를 받는 여자들이 늘고 있다.

그렇다면 왜 많은 남자가 감정 표현에 인색하고 서툰 것일까? 남자들은 아주 오래전부터 가족을 대표해서 밥벌이를 했다. 남자들의 밥벌이, 즉 사냥, 낚시, 전쟁 등은 감정이 동요되면 100% 실패하는 일들이기 때문에 철저한 감정 절제가 필요했다. 그래서 감정 표현법을 배우거나 사용해 본 적이 거의 없었다.

오히려 감정 표현을 억제하는 것이 남자의 상징처럼 여겨졌다. 그 영향으로 지금의 남자들도 감정 표현이 서툰 것이다. 직장에서 무게만 잡고 종일 인상을 써서 직원들의 마음을 불편하게 하는 남직원들이 여전히 많은 것은 어쩌면 당연한 일이다.

표현에 인색한 남자들이라고 해서 감정이 없는 것은 아니다. 술이라도 한 잔 마시면 갑자기 입이 풀려 강의를 하듯 말을 독점하기도 한다. 중간에 누군가가 말을 중단시키면 기회를 봐서 기어이 말을 이어 나가기도 한다. 종종 자기가 생각해도 미안한 마음이 드는지 "내 얘기만 하는 것 같군. 내가 술을 마시면 말이 좀 많아져서……."라고 변명하는 경우는 있지만 말의 독점을 포기하지는 않는다. 이런 동료들과 종종 부딪히는 여직원들은 남직원들과는 말이 잘 통하지 않는다고 투덜대곤 한다.

직장인에게 상사의 칭찬와 격려는 그동안의 어려움을 뛰어넘을 수 있는 에너지 충전기와 같다. 자기 표현에 인색한 남자 상사들은 웬만해서는 부하 직원을 칭찬해 주지 않는다. 그러나 일을 열심히 했는데도 돌아오는 피드백이 없으면 부하 직원들의 사기가 떨어질 수 있다. 이런 문제가 기업 경쟁력을 저하시키는 것으로 알려지면서 많은 기업이 직원들의 사기를 높여주고자 감정 표현을 잘하는 사람을 리더로 앉히기도 한다.

말은 오랜 생활 방식이나 환경을 통해 구축된 정보들이 이미 구축된 사고 모드에 따라 입 밖으로 나오는 결과물이다. 그래서 입 밖에 꺼내 본 적 없는 말은 생각은 있어도 섣불리 말이 되어 나오지 않는다. 오랫동안 감정 표현을 절제해 온 남자들이 감정을 느껴도 입 밖으로 말을 내뱉지 못하는 것은 바로 이러한 이유 때문이다.

물론 여자들보다 감정 표현에 능숙한 남자들도 있다. 그러나 아직 일반화하기 어려울 정도로 숫자가 미미하다. 남자들이 여자 상사들에 비해 칭찬에 인색하고, 여자 친구나 아내에게 간단한 감정조차 말로 표현하지 못해 오해를 사는 경우가 많은 것을 보면 말이다.

사람은 익숙하지 않은 말은 사고 모드가 자동으로 작동하지 않으므로 수동적인 작동 노력 없이는 행동으로 옮겨지지 않는다. 남자들의 감정 표현도 일부러 공 들여 노력하지 않는 한 입으로 잘 나오지 않아 공동생활을 하는 여자들에게 원망과 불평을 사면서도 고치지 못한다.

반면에 여자들은 생리적으로 임신과 출산 준비로 신체가 미세한 변화를 많이 일으키고 이러한 변화가 감정에 직접적인 영향을 준다. 그래서 감정을 제때 배출하지 못하면 감정의 찌꺼기들이 정신과 신체를 공격해 건강을 해치기도 한다.

또한 항상 공동체와의 유대 관계를 중요하게 생각해 공동체로부터 소외당하지 않기 위해 감정 표현을 잘하려고 노력했다. 여자들은 대부분 표정과 몸짓 등의 변화를 섬세하게 읽어 내어 공동체에서 감정을 숨기면 오히려 들통이 나서 소외당할 수도 있었다. 그래서 여자들은 감정을 숨기기보다 좋은 감정은 즉각 표현하고, 좋지 않은 감정은 우회적으로 표현하는 훈련이 되었다. 그 결과, 여자들은 감정을 말로 표현하는 것을 당연시하게 되었다.

현대의 여성들도 사고 모드가 크게 변하지 않아 자신의 감정을 말로 표현하고 남자들도 그렇게 해 주기를 원한다. 또한 여자는 오랫동안 남자에게 생계를 의탁해 남자가 자신에게 어떤 감정을 가지고 있는지에 따라 안심 여부가 결정되는 사고 모드를 가지고 있다. 이런 여러 복합적인 요인으로 여자들은 남자들이 고맙거나 미안하거나 사랑한다는 감정을 말로 하지 않으면 '나를 싫어한다.', '애정이 식었다.'라고 단정하여 불안을 느끼는 것이다.

감정 절제를 주요 덕목으로 여겨 온 남자들은 감정 표현을 중요시하는 여자들의 사고 모드를 알지 못한다. 게다가 남자는 실용적인 목적으로 말을 하기 때문에 여자가 감정을 말로 표현하면 무조건 실용적인 방면으로 해석하고, 반드시 해결책을 찾아야 한다는 의무감을 갖는다.

그런데 해결책을 찾아 실행에 옮기기도 전에 여자의 감정이 변해 애써 찾은 해결책이 무용지물이 되곤 한다. 그런 일이 반복되다 보면 남자들은 '도대체 원하는 게 뭐야?'라고 생각하며 짜증을 내게 된다. 그리고 '여자들은 변덕스럽다.'라는 고정관념을 갖게 된다.

이처럼 남녀의 감정 표현에 대한 개념은 상당히 다르다. 따라서 남녀의 감정 표현 방법과 개념 차이 역시 만만치 않은 대화의 장애 요인이 될 수 있다. 애정을 바탕으로 하는 남녀 관계에서는 더욱 오해가 깊어지기도 한다.

오랜 연애 끝에 결혼하여 벌써 4년차가 된 A씨는 결혼 전에도 남편이 과묵하다는 것을 알았지만 이 정도일 줄은 몰랐다고 하소연했다. 결혼 기간이 경과하면서 애정 표현은 물론 "미안하다.", "고맙다."와 같은 당연한 감정 표현조차 제대로 하지 않는다는 것이다. A씨의 남편은 회사에 회식이 많아 늦게 귀가하는 날이 많았고, 심지어 어느 날은 새벽에 귀가했는데도 아내에게 미안하다는 말조차 하지 않았다. A씨는 그럴 때마다 하숙집 아줌마가 된 듯해서 마음이 좋지 않았다.

첫아이가 태어났을 때는 시골에서 농사를 짓는 친정어머니가 농사일을 다른 사람에게 맡겨 두고 3개월 정도 서울로 올라와 산후조리를 도와주셨다. 3개월 동안 고생하신 친정어머니가 다시 고향으로 돌아가겠다고 하셨을 때도 남편은 "장모님, 고생하셨습니다."라는 말 한마디하지 않았다. 그저 덤덤하게 "가시게요?"라고 말할 뿐이었다. A씨는 그때 생각만 해면 아직도 눈물이 핑 돌 정도로 섭섭하다고 했다.

이처럼 남자들은 말 한마디로 해결할 수 있는 감정 표현조차 인색해 배우자의 분노를 사곤 한다. 연애 중인 남자도 마찬가지이다. 회사에 급한 일이 생겨 데이트 시간에 늦으면 기약 없이 기다리는 연인의 입장을 이해하고 미안하다고 말하면 끝날 일을 늦을 수밖에 없는 자기 입장을 내세워 이렇게 말하곤 한다.

"일부러 그런 게 아니잖아."
"나도 어쩔 수 없었어."

하지만 이러한 변명으로 연인의 마음에 더 큰 상처를 준다. 이러한 문제는 우리나라에만 국한된 것이 아니다. 일본도 마찬가지이다. 남녀 간의 감정 표현을 다룬 드라마가 많다. 그중에 〈위자료 청구 변호사〉가 가장 흥미로웠다. 주인공인 남자 변호사가 말도 안 되는 이유로 이혼을 의뢰하고 위자료를 받겠다는 여성 고객들을 통해 자신이 얼마나 남편을 오해하고 불필요하게 미워했는지 스스로 깨닫게 되는 코미디 드라마이다.

에피소드 하나를 소개한다. 결혼 10주년을 앞둔 여성이 자신의 남편이 언젠가부터 매일 꽃을 사다 준다며 바람을 피우는 게 틀림없다고 말했다. 그녀는 바람난 남편과 이혼하고 높은 위자료를 받아야겠다며 주인공 변호사를 찾아가 사건을 의뢰했다. 그녀는 남편이 자기에게 꽃을 선물하는 이유가 아내인 자신을 위해서가 아니라 꽃집의 아가씨를 만나기 위함이라고 말했다. 그녀는 변호사에게 남편은 꽃집뿐 아니라 베이커리, 보석상 등 판매원이 예쁜 가게들을 자주 들락거린다면서 분명히 여러 명의 여자와 불륜을 저지르고 있으니 철저하게 뒷조사하여 위자료를 많이 받고 이혼하게 해 달라고 요청했다. 변호사는 사건을 맡기로 하고 의뢰인의 남편을 조사하기 시작했다.

그러나 조사 결과, 그녀의 남편은 아내에게 결혼 10주년 이벤트를 열어 주기 위해 아내 몰래 꽃집과 베이커리, 보석상을 드나든 것이었다. 남편이 아내에게 감정 표현을 제대로 하지 않아 아내가 남편의 비밀스러운 행동을 크게 오해한 것이다. 그녀는 변호사가 조사 결과를 알려 준 뒤에야 남편의 행동에 감동받고, 자기도 결혼 10주년 선물 준비를 해야겠다며 변호사 사무실을 뛰쳐나갔다.

이처럼 여자는 남자가 감정 표현을 잘 하지 않으면 자신에 대한 애정이 식었다고 오해하여 남자가 상상하는 것보다 훨씬 심한 마음고생을 한다.

따라서 여자에게는 감정 표현을 제대로 해 주어야 그런 상처를 주지 않을 수 있다. 반면에 여자는 남자가 감정을 말로 표현하지 않는다고 해서 애정이 식었다고 오해할 필요가 없다. 오히려 남자에게 감정 표현을 원하는 것은 그 사람의 마음을 믿지 못해서가 아닌지 생각해 볼 필요가 있다.

상대방을 적당한 간격을 두고 신뢰하며 바라본다면 감정 표현에 대해 그토록 민감해지지 않을 수 있다. 서로를 이해하면 오히려 대화가 편해지고, 관계도 평화롭게 지속될 수 있을 것이다.

Solution

여자

오래전부터 남자의 감정 절제는 밥벌이 능력과 직결되었다. 남자들에게는 감정 절제를 주요 덕목으로 여기는 사고 모드가 뼛속까지 스며 있어 지금도 감정을 어떻게 표현해야 할지 잘 모른다. 따라서 남자가 감정 표현을 하지 않는다고 해서 감정이 메말랐다거나 마음이 변했다는 오해를 하고 상처를 받을 필요가 없다. 또한 남자는 자주 바뀌는 여자의 감정 표현을 해결해 주어야 한다는 것을 숙제로 여기는 속성을 가져 여자가 감정의 일관된 표현을 하지 않으면 자기 과제가 너무 많고 복잡해졌다고 생각해 오히려 화를 낼 수도 있다. 여자가 감정 표현을 해도 그냥 들어만 주고 해결책은 찾지 않아도 된다는 점을 사전에 정확히 밝혀 남자가 여자의 감정에 따라 허둥지둥 해결책을 찾지 않도록 해 주어야만 여자의 말을 기피하지 않을 수 있다.

남자

남자는 대체로 억지로 감정을 표현하는 것을 어려워한다. 하지만 문자메시지로라도 감정을 표현하려는 노력을 보여 주면 감정 표현 부족으로 인한 오해와 갈등을 줄일 수 있다. 처음에는 익숙하지 않더라도 "미안하다.", "고맙다."라는 기본적인 감정 표현부터 입에 붙이는 연습을 해 보라. 그러면 점차 "사랑한다." 등 조금 더 차원 높은 감정 표현이 쉬워진다. 여자는 남자가 감정을 표현을 하지 않으면 자기에 대한 감정이 없는 것으로 단정하고 소외감을 느껴 심한 상처를 입는다는 점을 인지해야 한다. 여자는 상처를 받으면 점차 자기 식으로 해석하여 부정적인 쪽으로 몰아가기 때문에 관계가 쉽게 훼손될 수 있다.

일터에서 인정받지 못하고 존중받지 못하며 가치 있게 여겨지지 않을 때
조직의 리더를 탓하거나 동료들을 흠잡게 되는 것은 남녀 모두 마찬가지이다.
하지만 남자들이 만든 남성 위주의 작업 환경에 여자들이 들어가는 것이니 만큼
자신이 선택하거나 동의하지 않는 가치관에 따라야 하는 하급자처럼 느껴지는 쪽은 주로 여성들이다.
그러나 남자들은 자신의 어떤 행동이 상대방을 무시하는 것으로 읽힌다는 점을 전혀 모른다.
스스로 옳다고 느끼는 대로 행동할 뿐 여자들에게 어떤 영향을 미치는지에 대해서는 생각하지 않는다.

_존 그레이(John Gray)

section

26

인정받기

She > 노력에 대해 인정받아야 한다

He > 결과에 대해 인정받아야 한다

사람은 밥만 먹고 살기 위해 이 세상에 태어난 것이
아니다. 어쩌면 타인에게 인정받고 존재감을 느끼기 위해 태어난 것이 아
닐까.
"당신은 정말 쓸모 있는 사람이야."
"이 분야에서는 당신이 최고야."
"당신 같은 사람과 함께해서 참 다행이야."
인간은 가족은 물론 익명의 사람들에 이러한 인정을 받을 때 삶의 가치
를 느낀다. 가족 대표, 동네 대표, 지역 대표, 국가 대표가 되면 목숨 걸고 있
는 힘껏 최선을 다하는 것도 인정받고 싶은 인간의 본능 때문이다. 인간은
아주 어릴 때부터 자기가 행한 일을 주변 사람들에게 인정받고 싶어 한다.
하지만 생각과 다른 결과가 나오면 의기소침해져 자신감마저 잃는다.
그런데 남자와 여자는 서로 다른 방식으로 인정하고 인정받기를 원한다.
서로의 핀트가 어긋나면 상대방이 인정해 주어도 인정받지 못한 것으로 여

겨 위축되거나 분노한다. 한쪽은 인정해 주었다고 생각하고 반대쪽은 인정받지 못했다고 생각해 생기는 오해는 이성 간의 대화를 방해한다.

여자들은 오래전부터 공동체로부터 존재감을 인정받아야 소외되지 않을 수 있다고 믿어 왔다. 그래서 항상 자신의 말을 귀담아 듣는 것, 공감을 표현하는 것, 잘한 일의 결과보다 과정의 노고를 치하해 주는 것 등으로 자신이 상대방에게 인정받고 있는지의 여부를 체크해야 마음이 놓였다. 그 때문에 지금도 체크 과정에서 인정받지 못한다고 여겨지면 심한 소외감에 빠져 좌절하고 의기소침해지기 쉽다. 반면에 남자들은 원시시대부터 자신이 공동체에 기여한 노력 정도에 따라 상벌이 정해졌다. 그래서 결과만 인정받으면 모든 것을 인정받은 것이라 여기게 되었다.

그로 인해 과정까지 인정받으려는 여자와 결과만 인정받으면 된다는 남자가 상대방의 사고 모드를 제대로 모르면 불필요한 충돌이 발생할 수밖에 없게 된 것이다.

현대로 접어들면서 남녀가 평등해지고 여자들이 남자와 동등한 자격으로 사회생활에 참여하면서 여직원들은 자신들의 사고 모드대로 남자 상사나 동료들이 업무 수행 과정에서의 노고를 인정해 줄 것을 기대한다. 그러나 여자들의 인정받기 사고 모드를 알지 못하는 남자들은 여자들이 엄청난 노력을 했다고 해도 결과가 좋지 않으면 절대 인정해 주지 않는다. 그러한 남자들의 행동은 여자 동료, 부하 등을 불필요하게 위축시키고 소외감에 빠뜨리곤 한다.

여자는 실적이 좋지 않더라도 어려운 여건을 극복하면 여건 극복 노력을 인정받아야 한다고 생각한다. 그러나 남자들은 여건 극복보다 결과를 중요시한다.

직장이나 가정에서 남자들의 장점인 빠른 결단력과 추진력, 여자들의 장점인 신중함과 과정을 살피는 꼼꼼함이 절묘하게 결합되면 엄청난 시너지 효과를 낸다. 그러나 남자와 여자의 결합이 어긋나면 더 큰 오해가 생겨 불화로 이어지고, 그로 인해 악몽 같은 나날을 보내게 될 수 있다.

대기업 여자 부장 M씨는 자신이 임원 진급 대상에서 누락되자 불평을 쏟아 냈다.
"이런 결과가 나올 줄 알았어요. 언제 진급이 공평하게 이루어졌나요? 대개 술자리에서 남자들끼리 나눠 먹기 식으로 진급을 결정하지 않나요? 평직원들의 진급이 그렇게 결정되는데, 임원 진급이야 오죽하겠어요. 저는 술도 잘 마시지 못하고 유머 감각도 부족해서 남자들의 술자리에 초대받은 적이 거의 없어요."
그리고 평소에 품고 있었던 불만도 꺼내 놓았다.
"남자들은 여직원이 일을 잘해도 절대로 인정하지 않아요. 요즘 회사 상황이 좋지 않았어요. 그런데 제가 죽어라 노력해서 회사 실적을 2등까지 올려 놓았죠. 그래서 상사에게 고생한 것을 인정해 달라는 의미에서 '이번 실적 올리는 데 엄청 힘들었어요.'라고 힌트를 주었어요. 그런데 상사는 '세상에 힘 들이지 않고 할 수 있는 일이 어디 있어.'라며 제 말을 중간에 자르는 게 아니겠어요? 1등을 한 것도 아닌데 무슨 생색을 내느냐는 의미겠죠. 저는 상황이 너무 안 좋았기 때문에 2등을 한 것도 정말 잘한 거라고 생각해요. 얼마나 고생해서 얻은 성과인데……. 고생한 것은 인정해 주어야 하는 거 아닌가요? 인정은커녕 별것 아니라는 듯 무안을 주니 일할 맛이 나지 않아요."

그러나 남자 상사의 말을 들어보니 M씨가 말한 것과 상당히 달랐다. 그녀의 상사는 이렇게 말했다.

"M부장은 똑 부러지게 일을 잘해요. 어려운 여건에서도 실적을 잘 올리는 우리 회사의 보물이죠. 이번에는 진급에 누락되었지만 지금처럼만 하면 다음에는 틀림없이 진급될 거예요. 우리는 M부장이 우리 회사의 여성 리더가 될 것이라고 믿고 있어요."

회사에서는 그녀가 어려운 여건을 극복한 사실을 잘 알고 있었다. 다만 결과가 정확히 나오지 않아 대놓고 인정해 주지 않은 것뿐이었다. M씨는 결과만 인정하는 남자들의 사고 모드를 잘 몰라 자기에게 익숙한 방법으로 인정받지 못해 소외당했다고 단단히 오해한 것이다.

여자들은 열심히 노력하여 성과를 냈는데도 남자들이 과정에 대해서는 거론하지 않고 결과만 보고 "잘했네요.", "수고하셨어요."라고만 말하면 자기가 한 일을 제대로 인정받지 않은 것이라 생각한다. 여자들의 사고 모드로는 결과가 나오기까지의 고생한 점을 말로 표현하면서 치하해 주어야 인정받은 것이 되기 때문이다.

반면에 남자들은 결과가 좋으면 다 좋은 것으로 보기 때문에 결과만 간단히 인정해 주면 모든 것을 다 인정해 준 것이라 생각한다. 이처럼 인정받기에 대한 서로 다른 기대치 때문에 여자 상사를 둔 남직원 역시 제대로 인정받지 못했다며 상당히 섭섭해한다.

기업 교육 컨설팅 회사에서 일하는 여자 팀장 T씨는 PT 준비로 눈 코 뜰 새 없이 바쁜데 부하 남직원 H씨가 자주 자리를 비우자 괘씸한 생각이 들었다. T씨는 때마침 자리로 돌아온 H씨에게 인내심을 발휘하여 최대한 조용한 목소리로 이렇게 물었다.
"어디 갔다 왔어요?"
그러자 H씨는 생글생글 웃으며 "커피 한잔하고 왔습니다."라고 대답했다. 이에 T씨는 결국 화를 참지 못하고 "남들은 바빠서 이리 뛰고 저리 뛰고 있는데, 이런 상황에서 커피가 목에 넘어가요?"라며 목소리를 높였다.
H씨는 '내가 맡은 부분은 준비를 모두 마쳤는데, 커피 한 잔도 못 마셔?' 라는 생각이 들어 욱하는 마음에 "제가 맡은 부분은 모두 끝냈는데요."라고 대꾸했다. T씨는 더욱 강한 어조로 "회사에서는 팀워크가 가장 중요해요. 자기 일을 다 했다고 혼자서 빠져나가면 다른 사람들이 일할 마음이 들겠어요?"라고 말했다.
얼마 후, PT는 성공적으로 끝이 났다. H씨의 역할이 한몫했지만 T씨는 그때의 태도가 못마땅해 H씨에게 격려의 말을 해 주지 않았다. H씨는 자신의 역할을 제대로 해냈고, 결과적으로 PT도 성공적으로 끝나 회사에 큰 이익을 가져다주었는데 T씨가 공로를 인정해 주지 않자 불만을 늘어놓았다.
"아니, 모든 게 완벽하게 끝났는데, 왜 칭찬 한마디 해 주지 않는 거야?

힘 빠져서 어디 일 하겠어?"

T씨는 H씨가 일하는 과정이 불성실했기 때문에 결과만으로 공로를 인정해 줄 수 없다고 생각했고, H씨는 할 일을 다했고 좋은 결과를 가져왔는데도 상사가 인정해 주지 않자 불만이 터진 셈이다.

타인을 인정하는 데 따른 남녀의 차이는 부부나 연인 등 사적인 관계에서도 많은 갈등과 오해 요인이 되어 대화 단절을 부추긴다.

결혼 3년차인 남편 O씨와 아내 L씨는 남편의 대학 동창들과 부부 동반으로 제주도 여행을 하기로 했다. 여행 당일, 서둘러 공항으로 떠나야 하는데 남편이 챙길 것이 남았다며 꾸물거렸다. 아내는 남편에 대해 이렇게 말했다.

"다른 집은 외출할 때 아내가 더 꾸물거린다던데. 우리 집은 정반대예요. 다행히 남편이 운전을 잘해서 비행기를 놓치지는 않았어요. 일행들이 '너무 늦어서 안 오시는 줄 알았다. 시간 맞춰 도착해서 다행이다.'라고 말하더군요. 여러 사람에게 민폐를 끼친 것 같아 미안했어요. 남편에게 '제때 도착하지 못할까 봐 얼마나 불안했는지 몰라. 다행히 잘 도착은 했지만 너무 과격하게 운전해서 사고 나는 줄 알았어.'라고 불평하자 남편은 오히려 목소리를 높이며 '시간 맞춰서 잘 도착했잖아. 뭐가 불만이야. 그리고 사고는 무슨 사고! 내 운전 실력을 의심하는 거야?'라고 말하더군요."

남자는 제 시간에 도착한 결과를 인정받고 싶어 하고, 여자는 과정 중에 난폭 운전을 비난하여 이와 같은 충돌이 생긴 것이다.

오랜 생활 체험이 누적되어 형성된 사고와 행동 특성을 인위적으로 갑자기 바꾸는 것은 상당히 어렵다. 그러나 상대방의 특성을 알고 포기할 것과 주장할 것의 경계를 정하는 것은 쉽다.

남자는 여자가 한 일의 결과가 그다지 좋지 않더라도 과정 중의 노고를 인정해 주고, 여자는 남자가 한 일의 과정이 마음이 들지 않아도 결과가 좋으면 일단 인정해 준 뒤에 과정에 대해 간단히 언급하는 것이 좋다. 이를 통해 남녀의 서로 다른 인정받기의 차이를 극복하고 남녀의 장점을 결합한 시너지 효과를 낼 수 있을 것이다.

Solution

여자

　　남자는 결과로 능력을 평가받는 것에 익숙하다. 과정이야 어쨌든 좋은 결과를 내면 존재감을 인정받고 서열도 상향 조정되었다. 그래서 여자들이 결과보다 과정을 인정받고 싶어 하는 마음을 짐작하지 못한다. 남자 상사가 어려운 과정을 거쳐 실적을 올렸는데도 결과의 등수만 따져 인정해 주지 않거나 시댁 일에 발 벗고 나섰는데도 남편이 며느리니까 당연히 해야 할 일을 했다는 식으로 인정해 주지 않으면 "잘해 봤자 소용없다."고 불평을 늘어놓을 것이 아니라 차분한 목소리로 "내가 잘한 일은 인정받아야겠다."라고 말하는 것이 좋다. 그러면 남자들의 직설적인 사고 모드가 작동되어 늦게나마 공을 인정해 주고 그때의 일을 잘한 일이라고 염두에 두게 될 것이다. 남자들은 여자들과 여러 면에서 사고 모드가 다르기 때문에 인정을 받고 싶다면 자기 상상을 보태 오해하는 것보다 직접적으로 말하는 것이 훨씬 좋은 결과를 가져다줄 것이다.

남자

　　여자는 결과보다 과정을 인정받는 생활을 해 왔다. 그래서 결과가 특출하지 않아도 과정의 노력이 남다르면 인정받기를 기대한다. 결과를 기다렸다가 인정해 주면 여자들은 열심히 노력하고도 인정받지 못하고 있다고 느낀다. 남자들이 인정받을 만한 결과를 내고도 주변에서 알아 주지 않으면 실망하듯 여자들도 결과에 관계없이 과정의 노력을 알아 주지 않으면 실망한다고 생각하면 된다. 과정의 노고를 진정으로 인정해 주면 그 후에 어떠한 일을 맡았을 때 더욱 자발적으로, 더욱 열심히 노력할 것이다.

대부분의 여성은 자기에게 모든 사람의 요구를 들어줄 책임이 있다고 믿는다.

심부름을 해 주고, 부탁을 들어주고, 개인적인 불편을 감수하면서까지

자신을 맨 마지막 순위로 제쳐 둔다.

여성들은 어렸을 때부터 대답을 잘하고 말을 잘 듣도록 교육받았다.

어떤 여성들은 자신의 행동과 말이 모든 사람의 인정과 허락을 받아야 하는 것처럼 행동한다.

평판이 좋지 않거나 비위에 거슬리는 사람처럼 보여서 미움을 사고 싶지 않은 것이다.

_폴렛 데일(Paulette Dale)

▲

폴렛 데일 : 커뮤니케이션 분야의 세계적인 강사이자 컨설턴트. 플로리다 대학에서 언어 병리학과 언어학 박사학위를 취득했다. 저서 《대화의 기술》은 전 세계적인 베스트셀러이며, 우리나라에서도 장기 베스트셀러를 기록했다.

section

27

거절/사양

She > 거절은 사양을 가장해서 해야 한다

He > 거절과 사양은 명확히 구분해야 한다

여자들은 거절을 하기 위해 이런 말을 자주 한다.
"저 같은 사람이 어떻게 그런 어려운 일을 하겠어요?"
"전 괜찮으니 신경 쓰지 마세요."
대부분 자기를 낮추고 사양하는 말 같지만 절대로 그 일을 받아들일 수 없다는 단호한 거절 의사 표현인 경우가 많다. 그러나 남자들은 여자들의 그러한 거절을 정확히 해독하기 어렵다고 하소연한다. 거절의 말을 있는 그대로 해석하고 상황을 종료하자마자 "매정하다.", "무시한다." 등의 말로 화를 내는 여자가 많다는 것이다.

'거절'은 단도직입적으로 해야 한다고 믿는 남자들 입장에서는 여자가 'NO'를 말하고도 상황 종료를 불평하면 뭘 어떻게 하라는 것인지 알 수 없어 난감하다고 말한다. 반대로 여자들은 남자들의 단도직입적인 거절에 모멸감을 느낄 때가 많다고 하소연한다.

거절당하는 사람의 입장을 고려해서 돌려 말하지 않고 대놓고 딱 잘라 말해 큰 상처를 입게 된다는 것이다. 남녀가 거절의 개념 차이는 남녀 대화를 막는 주범이 되곤 한다.

대기업의 남자 영업부장인 C씨는 이렇게 불평했다.
"우리 회사 여직원들은 무언가를 제안하면 괜찮다고 사양하면서 뒤에 가서는 왜 그렇게 뒷담화를 하는지 모르겠어요. 최근에도 아주 골치가 아픈 일이 있었어요. 이번에 우리 회사에서 영업 실적이 좋은 몇 사람을 선정해서 유럽 여행을 보내 주기로 했어요. 그런데 어떤 남직원과 여직원이 실적이 똑같은 거예요. 그래서 지원 부서에 가서 두 사람 모두 여행을 보내 주면 안 되느냐고 제안해 보았는데, 예산 문제로 절대 안 된다고 하더라고요. 그래서 어쩔 수 없이 두 사람을 불러 둘 중에 한 명만 갈 수 있다고 하니 어떻게 하면 좋을지 의견을 묻고 결정해야겠다고 생각했어요. 그런데 마침 여직원이 눈에 띄기에 먼저 의사를 물었어요. 여직원은 이렇게 말하더군요. '전 괜찮아요. 부장님이 곤란하신 상황이라면 제가 안 가도 상관없어요.' 정말 쿨하게 사양해 주어서 얼마나 고마웠는지 몰라요. 다행이다 싶어서 남직원을 여행자 명단에 올렸어요. 그런데 여기저기에서 제가 여직원을 여행자 명단에서 빼려고 일부러 먼저 의견을 물어 여행을 포기하게 만들었다는 뒷말이 들려오지 뭡니까. 처음부터 저한테 딱 부러지게 자기 의견을 말하고, 남직원과 같이 모여서 결정하자고 말했으면 좋았잖아요. 괜히 제가 이상한 사람이 되었다니까요."

많은 남자가 여자들의 말 중에서 '거절' 해석이 가장 어렵다고 말한다. 진심인지, 그냥 한 번 해 본 말인지 종잡을 수 없게 행동한다는 것이다. 남자들은 원시시대부터 위험한 환경에서 먹거리를 구해야 했기 때문에 'YES' 혹은 'NO'를 분명히 해야 했다. 여기서 비롯한 남자들의 사고 모드는 '거절'은 더도 덜도 아닌 '상황 끝'을 의미한다.

반면에 여자들은 오래전부터 남자들의 생산성과 경쟁력에 방해되지 않기 위해 최대한 자기 의견을 억제하도록 교육받아 왔다. 기분 상하는 말을 해 마음을 불안하게 만들면 먹느냐 먹히느냐의 사투를 벌이는 작업을 하는 남자의 마음이 흔들려 위험을 초래할 수도 있기 때문이다.

여자들은 거절할 일이 있어도 애매하게 말해 상대방의 정서적 안정을 해치지 않도록 할 의무를 다하도록 철저히 교육받아 왔다. 그 영향으로 현대의 프로급 여직원들마저 자기가 조금 희생하더라도 상대방의 무리한 요구에도 대놓고 거절하기를 어려워한다. 그래서 진짜로 거절하고 싶은데도 단호하게 거절하지 못해 어려움을 겪는 경우가 많다.

여자들은 말 자체보다 말하는 의도가 더 중요하다고 믿는 사고 모드가 있어 남자가 자신이 거절할 의도로 한 말이면 괜찮다고 말해도 단순한 '사양'이 아닌 '거절'로 해석해 주기를 기대하고, '거절'이 아닌 '사양'의 의미로 한 거절도 사양 의도를 알아챌 것이라고 기대한다.

그러나 남자들은 특별히 그 분야에 대한 훈련을 받지 않는 한 여자의 사양 속에 감춰진 거절 또는 진짜 사양의 의도를 구분하지 못한다. 일부 남자는 여자들이 자신이 이미 했던 거절을 진짜 거절로 받아들였다고 화를 내면 '무슨 말도 안 되는 짓이냐?', '그러면 날더러 어쩌라는 거야?' 등의 생각이 들어 진짜로 화가 난다고 불평한다.

거절을 둘러싼 남녀 간 해석 차이 역시 복잡 미묘한 갈등을 불러 남녀 간의 대화를 어렵게 한다. 게다가 요즘은 많은 남자가 여자들의 애매한 거절 방식을 자의적으로 해석하여 '여자들의 거절은 내숭이다.'라는 고정관념까지 생겨 또 다른 갈등을 빚기도 한다.

화장품 유통 회사에서 일하는 여직원 F씨는 이번 주 주말에 상견례 일정이 잡혀 있었다. 그런데 남자 선배 B씨가 특근을 바꿔 달라고 부탁했다. B씨는 평소에도 이런 부탁을 자주 했었다. F씨는 자기 딴에는 단호한 목소리로 "선약이 있어서 곤란해요."라고 거절했다. 적어도 전에 비해 거절의 뜻을 정확히 밝혔기 때문에 B씨가 자신의 의사를 분명히 알아들었을 것이라고 생각했다. 그러나 B씨는 F씨가 전에도 그런 식으로 거절을 하고도 정작 부탁을 들어준 적이 많았기 때문에 "나는 너만 믿어!"라고 외치고 사라졌고, 결국 주말에 출근을 하지 않았다.

주말에 출근을 한 부장은 회사 문이 닫혀 있자 특근 담당자인 B씨에게 전화를 걸었지만 받지 않아 자신의 일정을 망치고 귀가해야 했다. 화가 난 부장이 월요일 아침에 B씨를 불러 호되게 꾸짖었다. 그러나 B씨는 F씨가 특근을 대신해 주기로 약속했다면서 억울하다고 변명했다. 그로 인해 F씨도 부장에게 불려갔다. F씨는 주말에 B씨가 출근하지 않은 사실을 알고 깜짝

놀랐다. 분명히 특근을 대신해 줄 수 없다고 의사를 밝혔는데도 거절을 거절로 받아들이지 않고 출근하지 않을 줄은 상상도 하지 못했다.

부장은 F씨에게 상황 설명을 듣고 혀를 차며 이렇게 말했다.

"참 어이가 없네. 같은 부서에서 이렇게 커뮤니케이션이 안 되면 어떻게 하자는 거야?"

B씨는 특근을 못하겠으면 못한다고 똑 부러지게 거절할 것이지 우물쭈물하고는 출근하지 않은 것은 자신을 곤란에 빠뜨리기 위한 것이었다며 오히려 F씨에게 화를 냈다. 하지만 F씨는 B씨가 자신의 의사를 제대로 받아들이지 않았던 것이라며 속상해 했다.

남녀 간의 서로 다른 '거절'의 의미 해석 차이는 연애 관계마저 복잡하게 만든다.

회사에서 능력을 인정받고 있는 남직원 D씨는 잘생기고 키까지 커서 항상 주목을 받았다. 하지만 연애보다는 일을 더 좋아해 사람들의 예상과 달리 몇 년 동안 여자 친구를 사귀지 못했다. 그런 그가 최근에 사랑에 빠졌다. 프로젝트를 함께 준비한 옆 부서 여직원 S씨에게 관심이 생긴 것이다.

어느 날 기회가 찾아왔다. S씨와 단둘이 출장을 가게 된 것이다. D씨는 하늘이 주신 기회라고 생각하여 어렵게 용기를 내 S씨에게 마음을 고백했다. 당황한 S씨는 "제가 어떻게 D씨 같이 훌륭한 분과 사귈 수 있겠어요."라며 거절했다. 그러나 D씨는 주변 사람들에게 여자들은 원래 내숭이 심해서 그런 식으로 사양한다는 말을 듣고 S씨의 거절을 거절이라고 생각하지 않았다. D씨는 그 후로도 S씨에게 여러 차례 마음을 전했다.

사실 D씨는 정말 S씨의 타입이 아니었다. S씨는 함께 프로젝트를 진행하는 사이이기 때문에 대놓고 거절하는 것은 예의가 아닌 것 같아 돌려서 자신의 생각을 전달했는데, D씨가 말귀를 알아듣지 못하고 집요하게 쫓아다녀 너무 곤란하다고 말했다.

많은 남자가 여자들의 거절을 '내숭'이라고 생각하는 경향이 있어 이처럼 호감 가는 사람에게 오히려 악감을 갖게 만들어 관계를 악화시키기도 한다. 이 문제의 해결책은 여자들은 남자들의 말을 있는 그대로 사용하는 고지식한 사고 모드를 인정하고 거절을 분명하고도 정확하게 표현하는 습관을 길러야 한다는 것이다.

남자들은 여자들이 거절을 할 때 우물쭈물거리면 '여자는 내숭 때문에 반어법을 사용한다.'라는 고정관념으로 거절이 아니라 사양이라고 지레짐작할 가능성이 크다. 따라서 거절을 할 때는 누구라도 들었을 때 명확하게 거절이라는 생각이 들 정도로 분명하게 하는 것이 좋다. 예컨대 남자 동료의 특근 부탁을 들어줄 수 없다면 "이번 주에는 제가 선배 특근을 대신할 수가 없어요."라고 딱 부러지게 거절 내용을 말하고, 상대방이 재차 부탁하면 간단하게 덧붙여 이유를 설명해 주는 방식으로 말해야 한다.

들어줄 수 없는 사정을 먼저 말하고 나중에 거절의 말을 하면 직설화법에 익숙한 남자는 마지막 말까지 듣지 않고 자기 멋대로 단지 사양일 뿐이라고 결론을 내린다.

남자가 사귀자고 고백했는데, 거절하고 싶다면 "제 스타일이 아니어서 사귈 생각이 없어요."라고 명확하게 말해야 상대방이 미련을 버릴 수 있다. 남자들 역시 여자의 완곡한 거절을 내숭으로 치부하고 무시하면 오히려 관계가 악화될 수 있다.

여자의 거절이 진짜 단호한 거절인지 단순한 사양인지 구분하기 위해서는 표정과 태도를 살피며 말해야 한다. 여자들은 말하는 의도를 표정과 몸짓으로 누설시키기 때문이다.

Solution

여자

　　남자들은 선천적으로 말을 있는 그대로 해석하는 직설적 사고 모드를 가졌다. 그래서 거절은 그 이상의 의미도, 그 이하의 의미도 갖지 않는다. 여자가 마음이 약해서 요구 사항을 싫은 데도 들어주면 남자들은 오히려 혼란스러워한다. 게다가 요즘에는 여자들의 거절을 무조건 반어법이나 내숭으로 오해하는 남자가 많아 여자가 거절을 해도 자기 생각대로 밀어붙이는 것이 옳다고 믿기도 한다. 그래서 남자에게 사양을 빙자한 거절, 변명을 앞세운 거절을 하면 내숭 내지는 반어법으로 오해하고 거절로 받아들이지 않아 곤란한 일을 겪게 될 가능성이 크다. 남자들은 거절에 사족을 붙이거나 사양을 빙자하면 거절이 아닌 것으로 생각한다. 남자에게 거절하려면 거절이 분명히 드러나는 단호한 표현을 사용해야 한다.

남자

　　여자들은 오랫동안 누구에게나 좋은 사람이라는 인식을 심어 줘야 한다는 사고 모드를 가져왔다. 그 때문에 거절을 할 때도 "저는 괜찮아요.", "제가 부족해서 호의를 받아들일 수 없어요." 등 사양을 빙자하는 경우가 많다. 승낙을 할 때도 마찬가지이다. 덥석 승낙하면 가벼운 여자로 보일까 봐 거절의 표현으로 일단 사양하는 경우도 많다. 직설적이고 고지식한 언어 표현법을 가진 남자로서는 여자의 표현 속에 숨은 의도를 해독하기 어렵다. 그러나 여자들은 말을 우회적으로 하는 대신 표정이나 몸짓으로 속마음을 드러내기 때문에 여자의 표정과 몸짓을 관찰하면 말로 하는 거절이 진짜로 거절을 하는 것인지 승낙의 반어법인지 구분할 수 있다. 참고로 여자들은 대체로 남자들이 눈치가 없다고 생각하기 때문에 여자의 거절을 무조건 반어법으로 여기고 치근대는 것보다 거절을 깔끔하게 받아들이는 것이 더 나은 결과를 가져다줄 것이다.

"저기 도마가 있고 칼은 그 아래 오른쪽 서랍에 있어요. 제가 스튜를 만들 테니 야채를 준비해 주세요."

킨케이드는 그녀와 60센티미터쯤 떨어진 곳에 서서 시선을 내리깔고 당근과 순무, 파슬리, 양파를 자르고 다졌다.

요리가 되는 동안 프란체스카는 다시 그의 앞쪽에 마주앉았다.

부엌에 정갈한 다정함이 내려앉았다.

어쩌면 그런 다정한 느낌은 함께 요리를 하는 데서 나왔는지도 모른다.

모르는 사람을 위해 저녁 식사를 준비하고 그와 함께 순무를 다지다 보니 낯선 느낌이 사라져 버렸다.

낯선 느낌이 사라지니 친밀감이 들어설 공간이 생겼다.

로버트 제임스 월러(Robert James Waller)

▲
로버트 제임스 월러 : 미국 오하이오주의 작은 시골 마을에서 태어나 오하이오 대학에서 경제학 교수로 일했다. 사임 후에 제2의 러브 스토리라 불리는 《메디슨 카운티의 다리》를 발표하여 전 세계적으로 히트시켰다. 이 소설은 클린트 이스트우드, 매릴 스트립 주연의 영화로 만들어져 많은 사랑을 받았다.

section

28

가사

She > 가사는 신성한 인간의 임무이다
He > 가사는 사소하고 하찮은 일이다

"청소기라도 좀 돌려. 내가 무슨 무쇠로 만든 로봇이라도 되는 줄 알아? 나도 퇴근하면 피곤해 죽겠단 말이야."

결혼 7년차인 맞벌이 주부 W씨는 가정부를 고용할 형편이 되지 못해 퇴근 후에 집으로 돌아오면 두 자녀를 목욕시키고, 집안 정리를 하느라 항상 분주했다. 남편이 청소, 쓰레기 치우기 등을 해 주기로 했지만 번번이 잊어 늘 성질 급한 W씨의 차지가 되었다.

W씨는 퇴근길에 어린이집에 들러 아이들을 데리고 와 씻기고 먹이는 일로 분주한데도 남편은 자기가 맡은 일을 하기는커녕 피곤하다며 대강 옷만 갈아입고 소파에 드러누워 TV 채널만 돌렸다. W씨가 "청소기 좀 돌려."라고 말하면 달랑 청소기만 돌리고 심지어 청소기를 제자리에 가져다 놓지도 않았다.

결혼한 남녀의 가장 큰 대화 장애 원인 중 하나가 바로 가사 분담이 아닐까? 가사 분담은 치열하게 다툴 거리가 많아 종종 가정 붕괴로 치닫게 만들기도 한다.

　남자들은 오랜 시간 동안 가사는 전적으로 여자의 일로 여기며 살아왔다. 남자들은 밖에서 먹거리를 구해 오는 임무만 맡아 왔다. 그런 일상의 패턴으로 구축된 남자의 사고 모드에는 '가사는 여자 책임'이라는 생각이 깊게 박혔다. 그래서 여자들이 직장에 나가 남자들과 같은 강도의 노동을 하는 시대가 되었는데도 많은 남자가 가사는 나 몰라라 한다.

　직장에서도 남자들은 가사에 대한 편견을 버리지 못하고 폄하하다가 여자들에게 상처를 주기도 한다. 여직원이 아이가 아파서 병원에 데리고 가야 한다고 휴가를 내거나 그 밖의 가정일 때문에 양해를 구하면 남자 상사는 마지못해 허락하지만 등 뒤에 대고 혼잣말로 "여자들은 저래서 안 돼."라고 투덜대는 경우가 여전히 많다.
　그런 일이 반복되다 보니 여자들도 차츰 가사는 귀찮은 일, 여자들을 괴롭히는 일이라고 생각한다. 그로 인해 남녀 모두 가사를 돌보는 것을 귀찮고 하찮은 일로 여겨 서로 미루다가 가정 파탄까지 가는 경우가 늘어난 것이다.

　결혼 3년차인 여직원 C씨는 직장에서 여자 선배들이 출산과 육아 휴직 문제로 남자 상사와 불편한 대화를 하는 모습을 많이 지켜보았다. C씨는 이렇게 말했다.

"세상이 많이 바뀌었다고는 하지만 여전히 많은 회사가 여직원의 육아와 출산 휴가를 껄끄럽게 생각하는 것 같아요. 결혼한 여자들을 일은 하지 않고 임금을 타 내려는 월급 도둑 취급한다니까요."

C씨는 여자 선배들의 전철을 밟기 싫어 임신을 하기 전에 부단히 노력해서 외국계 기업으로 이직하는 데 성공했다. C씨는 외국계 기업에서는 출산과 육아에 많은 배려를 해 준다며 이직으로 얻은 기쁨이 말로 표현할 수 없을 정도라고 말했다.

사람의 사고 모드는 원시시대부터 누적된 문화적 체험을 바탕으로 구축되었지만 생물학적 유전 요소는 아니다. 영아 때부터 받은 교육에 따라 상당 부분이 바뀐다. 서구 선진국 어머니들은 딸과 동등하게 아들에게도 집안 청소, 빨래, 요리 등을 가르친다. 그로 인해 가사 분담을 둘러싼 분쟁이 우리나라 가정보다 훨씬 적다. 이런 것을 보면 교육을 통해 사고 모드가 많이 달라질 수 있다는 것을 알 수 있다.

몇 년 전, 우리나라 페미니즘 운동의 아이콘 중 한 명으로서 많은 여성의 존경을 받고 있던 여교수가 아들 결혼식을 도와준 지인들을 초대하여 그 일원으로 그녀의 집을 방문한 적이 있다. 그녀는 식사 자리에서 이렇게 말했다.

"내가 남자들 에이프런 입히기 운동을 하고 있지만 이번에 결혼한 아들이 아내를 쉬게 하고 혼자 에이프런 두르고 요리하는 광경을 보니까 솔직히 화가 나더라고요."

그녀의 농담 섞인 고백에 일행은 모두 가볍게 웃었다. 남편이 가사 분담에 인색하다고 불평하는 여성들마저 자기 아들에게는 가사 처리 방법을 제대로 가르치지 않고, 남자는 그런 일을 하지 않아도 된다는 인식을 강화시켜 이 문제로 분쟁이 많은 것은 아닌지 생각하게 되었다.

지인의 딸 중에 판사가 있다. 최근 의사 남편을 만나 성대한 결혼식을 치러 주변의 부러움을 샀다. 그러나 딸 가진 부모는 공부 잘하는 딸에게 가사를 시킬 수 없다며 딸에게 가사 처리 방법을 조금도 가르치지 않았다. 의사 아들을 둔 사돈댁도 마찬가지였다. 둘 다 가사 처리에 문외한이다 보니 가사 도우미에게 요구하는 일들이 너무 황당해서 자주 교체되었다. 그들은 도우미가 바뀔 때마다 본가에서 숙식을 해결하고 신혼집으로 돌아가려 하지 않더니 결혼 1년 만에 갈라섰다.

아들이 프랑스에서 유학 생활을 하면서 알게 된 30대 부부 오드리가 집에 초대를 해 주었다. 오드리의 아내는 특별한 일이 없는 한 매주 요리를 하여 친구들을 초대하는 것을 즐긴다고 했다. 부부가 함께 에이프런을 입고 요리하고 상을 차리는 모습을 보니 마음이 절로 훈훈해졌다. 두 사람이 어찌나 손발이 잘 맞는지 고급 레스토랑에 온 느낌이었다.

그들이 내놓은 요리도 프로급이었다. "전문적으로 요리를 배웠나요?"라고 물으니 각자의 부모님에게서 배웠다고 했다. 남편은 대기업 중간 관리자인데, 아주 어렸을 때부터 어머니에게 요리, 청소, 빨래 방법 등을 배우고 직접 해 와서 지금은 집안일을 어머니 못지않게 잘할 수 있게 되었다고 말했다.

이탈리아와 영국에서도 젊은 부부들의 집에 몇 차례 초대받아 간 적이 있는데 대부분 오드리네와 비슷했다. 그들은 부부가 요리해서 친구들을 집으로 초대하는 것이 서로 친하다는 증표라면서 이런 재미가 없으면 무슨 재미로 사느냐고 말했다. 그들은 대부분 어릴 때부터 어머니에게 가사를 배우고 직접 처리하도록 훈련받아 부부가 굳이 가사 분담을 하지 않아도 별 문제가 없다고 했다.

우리나라 부부의 가사 처리 방식은 미국 가정의 모습과 많이 닮은 것 같다. 꽤 오래전이기는 하지만 미국에서 공부할 때 미국 문화를 강의하던 40대 초반의 대학 강사 애슐리와 카페테리아에서 점심 식사를 하며 나눈 대화가 생각난다. 그녀는 이렇게 말했다.

"우리 집은 한 달에 네 번만 요리를 해. 그것도 돌아가면서 당번제로. 우리 집에는 남편과 두 명의 아이가 있어서 나는 한 달에 한 번만 요리를 해."

그래서 "그럼 나머지 날에는 어떻게 해? 음식을 다 사서 먹어?"라고 물었다. 그러자 그녀는 "사 먹을 때도 있지만 대개 각자 냉동 음식을 사서 전자레인지에 돌려서 먹어."라고 대답했다. 그녀의 말을 듣고 속으로 '그러려면 왜 살아?'라고 생각했다. 그녀의 말을 증명이라도 하듯 미국의 슈퍼마켓에는 다양한 냉동식품이 엄청나게 많았다.

1990년대 중반에 출간된 소설《매디슨 카운티의 다리》는 영화로 제작되어 엄청난 관객을 동원했다. 중년 남녀가 4일간의 사랑을 평생의 아름다운 추억으로 간직한다는 서정시 같은 내용이다. 남자 주인공은 우연히 가족이 모두 출타한 여자의 집에 머물게 되었다. 두 사람은 함께 요리를 하면서 사랑의 감정이 싹텄다. 이 영화는 당근 하나, 감자 한 알을 손질하면서도 얼마나 많은 사랑의 감정이 오가는지 섬세하게 그렸다. 그러던 미국도 갑작스러운 물질주의의 팽배로 점차 높은 이상을 좇다가 소소한 가정사에서 얻을 수 있는 행복을 잃어버린 것 같다. 그리고 우리도 미국 모델을 좇아 비슷하게 가사의 중요성을 잃어버리고 살아가게 된 것 같다.

우리나라의 남자는 대개 가사는 여자의 일이라는 오래된 사고 모드를 가지고 있다. 여기에 어른들까지 남자의 주방 출입을 막으며 가사를 가르치지 않았다. 그래서 우리나라 남자들은 가사에 선뜻 손대기 싫어하며 심지어 하찮게 여기기까지 한다. 게다가 요즘 여자들은 남자들 못지않게 공부를 잘하는 것이 최고라는 말만 들으며 자랐다.

이런 분위기 속에서 특히나 젊은 커플들은 두 사람 모두 가사를 무시하여 가정이 엉망이 되는 경우가 많다고 한다. 정리되지 않은 집안 환경, 냉동식품으로 대부분의 끼니를 때우는 열악한 가정 환경을 행복하게 여길 사람은 아마 없을 것이다.

부모들이 일찍이 가정다운 가정을 유지하며 가사에서 오는 소소한 행복을 즐길 수 있도록 교육할 필요가 있다. 그저 공부의 중요성만 강조한다면 그들이 성공한들 어떤 인생을 살지 심각하게 고려해 보아야 할 시점이 아닌가 싶다.

기혼의 맞벌이 남자라면 스스로 '가사는 여자 책임'이라는 오래된 사고 모드를 삭제하려는 노력을 해야만 행복한 가정을 꾸릴 수 있다. 물론 그런 태도 변화는 직장 여자 동료에게까지 가부장적 불통 이미지를 벗게 해 줄 것이다.

그리고 여자들도 남자는 원시시대부터 가사는 자기 일이 아니라는 사고 모드를 가져 가사 참여에 서툴다는 점을 인정해야 한다. 그래서 남자가 가사를 돕다가 그릇을 깨거나 설거지가 깨끗하게 되어 있지 않는 등 시원치 않은 결과를 보여도 책망하기보다 참여를 고마워하고 격려하여 가사 참여가 즐거운 일임을 인지할 시간을 주는 인내심을 가져야 한다. 그래야만 가사 분담으로 인한 갈등을 줄이고 평화로운 상생의 길을 걸을 수 있다.

Solution

여자

남자는 오랫동안 가사는 여자 책임이라는 사고 모드를 가지고 살아왔다. 여자인 어머니가 어릴 때부터 아들도 가사 처리에 참여할 수 있도록 살림하는 법을 가르쳐야 후대에는 가사를 무시하여 불행해지는 일을 줄일 수 있을 것이다. 또한 여자들은 집안일을 따로 배우지 않아도 원시시대부터 처리해 온 경험치가 사고 모드에 박혀 남자들에 비해 쉽게 잘할 수 있다. 따라서 사고 모드에 거의 없는 가사 처리에 서툰 남자들을 관대하게 바라봐 주어야 지금부터라도 남자의 가사 분담에 대한 부담을 덜어 주고 자발적인 참여를 유도할 수 있다. 가사를 돕다가 일이 서툴어 사고를 치는 등 만족스럽지 않은 결과를 보여도 일단 격려하고 고마워하여 점차 가사 분담에 적응하도록 하는 것이 좋다.

남자

여자가 오랫동안 가사를 전담해 왔지만 여자도 사회로 나와 경제활동을 하는 시대가 되었다. 여자는 남자보다 사회생활 경력이 짧아 외부 경제활동에 쏟는 에너지가 남자보다 훨씬 높다. 게다가 요즘 여자들은 가사 처리 방식을 배울 겨를 없이 공부에 매진해 왔기 때문에 남자처럼 가사 처리 방법을 모르기는 마찬가지이다. 따라서 남자가 여자보다 몸을 더 쓰는 가사를 처리하고 돕는다는 방관자의 입장이 아니라 '내 일이다.'라는 주인의식을 가지고 임하는 노력을 해야 한다. 요리하는 법이나 청소하는 법을 익혀 아내와 함께 가사를 처리하면 부담이 아니라 관계 개선에 큰 도움이 된다는 것을 깨달을 수 있을 것이다. 예컨대 식사 당번을 정하면 요리하는 것이 부담스럽지만 함께 요리하면 대화가 즐거워질 수 있는 것이다.

남자들은 길을 찾기 위해 도로 지도를 기억해 둔다.
반면에 여자들은 자신의 언어 능력에 의존하는 경우가 더 많다.
생활 공간 연구에서도 대체로 남자 아이들보다 여자 아이들의 공간 활동이 제한되어 있는 것으로 나타났다.
여자 아이들은 집에서 멀리 떨어진 곳에 가는 일이 드물며, 같은 길을 더 많이 다니고 지름길을 이용하지 않았다.
반면에 남자 아이들은 더 많은 공간을 돌아다니고, 다니는 길의 루트도 다양했다.

_클라우디아 크바이저 폴 & 키르스틴 요르딘(Claudia Quaiser Paul & Kirsten Jordan)

▲
클라우디아 크바이저 폴 & 키르스틴 요르딘 : 독일 심리학자. 독일 막데브르크 대학 심리학 연구소에서 활동하고 있다. 남녀가 성별의 차이로 헤어져 금성과 화성으로 돌아가기 전에 읽어야 할 《남자는 왜 차를 직접 몰고, 여자는 왜 함께 타고 가는가》를 내놓아 세간의 관심을 모았다.

section

29

방향 감각

She > 언어로 방향과 지리를 이해한다
He > 그림으로 방향과 지리를 이해한다

"저는 원래부터 길치예요."

많은 여성이 이러한 고백을 한다. 대부분의 여자는 스스로 방향 찾기와 지도 보기에 취약하다는 사실을 잘 알고 있다. 여자들의 이러한 고백을 들은 남자들은 주저 없이 "동서남북도 가리지 못한단 말이야?"라며 농담 겸 핀잔을 주곤 한다. 여자는 남자가 악의를 가지고 한 말은 아니지만 기분이 상하고, 자신에게 상처를 준 사람과 더 이상 대화를 하려고 하지 않는다. 남녀의 서로 다른 방향 감각은 남녀의 대화를 막기에 충분하다.

왜 여자들은 남자들보다 방향 감각이 둔한 것일까? 여자들은 원시시대부터 주로 동굴 안에서 생활을 했다. 그로 인해 시야가 막혀 멀리 내다보는 훈련보다 눈앞의 것을 자세하게 관찰하는 훈련을 하게 되었다. 이런 훈련은 생활환경에 직접적인 영향을 미친다.

여자도 일찍이 들판에 나가 농사를 짓거나 남자 형제가 많아 실내보다 야외 활동을 많이 한 가정 혹은 공동체에서 생활했다면 남자 못지않은 방향 감각을 갖게 되었을 것이다. 마찬가지로 남자들도 실내에서 주로 활동한 가정이나 공동체에서 자랐다면 방향 감각과 지도 보기 능력을 키우지 못했을 것이다. 즉 방향 감각은 생물학적 유전 요소가 아니라 생활 방식에 따른 훈련 요소인 것이다. 그러나 현재로서는 남녀의 오래된 생활 패턴으로 여자는 방향 감각이 둔하고, 남자는 그 반대인 경우가 많으니 이 차이를 인정하는 것이 더불어 잘살 수 있는 방법이다.

어떤 사람들은 이렇게 말하기도 한다.

"우리나라 남자들은 군대에서 독도법, 즉 지도를 읽는 법을 배운다. 그리고 구보를 하다가 길을 잃으면 즉각 방향을 찾을 수 있도록 방향 찾기 훈련을 받는다. 따라서 남자들이 여자보다 방향 감각이 훨씬 좋은 것이다."

일리 있는 말이지만 군대에 다녀오지 않았는데도 여자들보다 방향을 잘 찾는 남자가 많은 것을 보면 일시적인 훈련이 아니라 오래된 생활 패턴의 영향이 더 큰 것이 아닐까 싶다.

다행히 요즘에는 방향과 지리를 한눈에 파악하게 해 주는 스마트폰 앱, 네비게이션 등이 많이 나와 남녀가 방향 감각의 문제 때문에 싸울 일이 크게 줄었다. 그러나 방향 감각에서 비롯한 지도 보기, 세상을 보는 관점 차이도 만만치 않아 이성의 방향 감각이나 지도 보기 능력을 이해하고 인정해야만 남녀 간의 소모적인 오해와 갈등을 줄일 수 있다.

건축회사에서 일하고 있는 신입 여직원 V씨는 상사의 PT를 돕기 위해 첫 출장을 명령받았다. 50대 후반인 상사는 굉장히 구식이었다. 정확한 위치를 알려 주지 않고 "동쪽으로 ○○킬로미터 간 뒤 다시 서쪽으로 ○○킬로미터 가면 사거리가 나와. 그 즈음에 와서 연락해. 나는 지금 나가서 거래처 좀 들러야 할 것 같아."라고 말한 뒤 사무실을 떠났다. V씨는 상사만 믿고 따라갈 생각이었는데, 상당히 당황스러웠다. 평소에 혼자서 길 찾는 것을 두려워했기 때문이다. 그날따라 휴대폰도 집에 두고 와 위치 검색을 할 수도 없었다. 결국 상사의 말만 떠올리며 길을 찾았고, 어느 순간부터 동서남북을 구분하지 못하게 되었다.

V씨는 적어도 미팅 시작 30분 전에 현장에 도착하여 상사가 편안하게 PT를 할 수 있도록 완벽하게 준비해 놓아야 했는데 제대로 길을 찾지 못하자 점점 초조해졌다. 회사에 전화를 걸어 물어볼까 하다가 길 하나 제대로 찾지 못하냐고 핀잔을 받을까 싶어 생각을 접었다. 시간이 흐를수록 V씨는 '일부러 골탕 먹이려고 그런 것이 아닐까?' 싶어 부아가 치밀어 올랐다.

V씨는 "'회사 정문 앞에서 택시를 타고 성형외과 쪽으로 좌회전해서 쭉 오다가 네 번째 신호등에서 좌회전을 해. 거기서 조금 더 직진하면 사거리가 나오는데 거기에서 우회전해서 첫 번째 골목으로 들어가면 1층에 ○○ 베이커리가 있는 빌딩이 있어. 그 빌딩 5층으로 와.'처럼 얼마든지 알아듣기 쉽게 설명해 줄 수 있는 것을 왜 그렇게 어렵게 일러 주었는지 모르겠어요."라고 말하며 화를 냈다.

이처럼 누군가에게는 너무나 쉬운 일이 누군가에게는 화가 날 만큼 어려운 일일 수도 있다. 대부분의 여자는 방향 감각이 둔한 것 못지않게 지도를 보고 행선지를 찾는 것 역시 어려워한다.

    U씨는 최근에 사귀기 시작한 남자 친구가 근사한 곳에서 식사를 하자며 문자메시지로 알려 준 식당 주소를 보고 흐뭇한 미소를 지었다. 앱 지도를 이용하여 식당을 찾아 나선 U씨는 지도를 보면서도 골목이 너무 많아 헤매다가 약속 시간에 늦었다. 남자 친구는 장난기가 발동해서 "지도를 봤는데도 길을 헤맸어?"라고 농담을 했다. U씨는 사귄 지 얼마 되지 않은 남자 친구에게 모욕을 당한 것 같아 마음이 불편했다. 물론 남자 친구는 U씨를 비난하기 위해 그런 말을 한 것은 아니었다. 오히려 지도를 잘 보지 못한 것이 귀엽다는 뜻으로 한 말이었다. 하지만 남자 친구의 의도를 파악하지 못한 U씨는 약점을 콕 찔린 것 같아 마음이 아팠다.

    남자들이 여자들에 비해 방향 감각과 지도 보기 능력이 뛰어난 이유는 과연 무엇일까? 남자들은 원시시대부터 매일 사냥과 낚시를 하며 지형지물을 익히는 훈련을 받았다. 그러다 보니 말보다 그림을 더 잘 해독하게 되었다. 지형 전체를 단순한 그림으로 표기해 놓은 지도는 그들에게 대단히 유용한 발명품이었다. 반면에 여자들은 실내 생활에 익숙해 그림보다 말로 된 정보를 훨씬 쉽게 이해하게 되었다.

    주요 활동 장소가 야외였던 남자와 실내였던 여자의 사고 모드는 방향 찾기를 기준으로 세상을 바라보는 관점이 형성되어 실제 시야 범위 역시 상당히 다르다. 예를 들면 남자들은 먼 곳의 지형지물도 한눈에 보는 훈련이 되어 있어 사물을 멀리 내다보는 것에 익숙하다. 그래서 시야가 탁 트여 있는 곳을 좋아한다. 남자가 여자에 비해 아파트보다 개인 주택을 선호하고 도시보다 농촌에 더 많은 미련을 갖는 것도 시야 문제와 관련이 있다. 반면에 여자들은 눈앞에 많은 물건이 쌓여 있는 백화점이나 시장에 가는 것을 좋아하고 공간이 많이 남는 개인 주택보다 공간이 꽉 찬 아파트를 더 선호하는 편이다.

방향을 찾는 능력은 남자가 더 뛰어나기 때문에 가진 자의 입장에서 여자의 취약점을 이해하고, 여자의 둔한 방향 감각과 서툰 지도 보기를 농담거리로 삼아서는 안 된다.

여자도 남자가 자신의 방향 감각 부족, 서툰 지도 보기 등을 거론하며 농담을 해도 상처를 입히려는 악의적 의도가 아닌 농담이라는 것을 명심하고 웃어넘기는 너그러움을 가져야 한다. 남녀의 특징을 제대로 이해해야 원활하게 소통할 수 있고, 평화로운 사회를 만들 수 있다

Solution

남자는 예부터 야외에서 지형지물을 파악하고 먹을 것을 구했기 때문에 방향 감각과 지도 보기 훈련이 잘 되어 있다. 사람은 모두 자기중심적으로 생각하고 행동하기 때문에 여자가 자신보다 지도 보기와 방향 감각이 떨어지면 놀리기도 한다. 악의적인 의도를 가지고 한 말은 아니기 때문에 화낼 필요는 없다. "나는 방향 감각이 떨어져." 또는 "지도 보기는 너무 어려워."처럼 자기 약점을 고백하고 남자에게 그 분야는 알아서 처리하도록 맡기면 오히려 리더 역할을 할 수 있어 좋아할 것이다. 약점은 공개하면 오히려 도움을 받을 수 있지만 숨기면 놀림거리가 되기 쉬운 법이다.

여자들은 아주 오랫동안 실내 생활을 많이 하여 방향 감각이나 지도 보기 훈련을 제대로 하지 못했다. 그 대신 눈앞의 사물을 더욱 자세히 관찰하는 훈련이 되어 있다. 이처럼 생활 방식에 따라 사람의 능력이 다를 수 있다. 직장의 여자 동료나 가족 등이 방향 감각이 둔하거나 지도 보기에 서툴다 해도 놀리지 말고 타인의 특성을 인정하는 태도를 보여야 평화로운 상생이 가능하다. 남녀가 서로 다른 분야에서 더 나은 능력을 갖는다는 점을 인정하고, 방향 찾기와 지도 보기에 약한 여자를 감싸고 돕는다면 남자들에게 취약한 감정 표현이나 디테일 보기 등에서 여자들의 도움을 받기가 훨씬 쉬워질 것이다.

가치 있게 여기는 것에 대해 남녀는 상반된 입장을 보이는 경우가 많다.
상대방의 생각과 이유를 이해하는 것이
서로를 인정하고 서로의 작업 방식에 더 가까이 다가갈 수 있는 유일한 방법이다.
남자들이 일터에서 가장 가치 있게 여기는 것은 힘, 경쟁, 능률, 행동, 성취이다.
여자들도 성취를 가치 있게 여기지만 함께 일하는 사람과의 관계나
서로 인맥을 쌓고 협력할 수 있는 환경적인 면에 더 관심이 많다.

존 그레이& 바바라 애니스(John Gray& ,Babara Annis)

section

30

관심사

She > 개개인에 관심이 많다

He > 사회, 국가, 세계 등 단체에 관심이 많다 직장 생활을 한 지 5년이 된 여직원 B씨는 이렇게 말했다.

"직장 생활을 잘하려면 남자들의 관심사인 축구, 골프, 낚시 같은 것들을 배우거나 관련 정보를 많이 알아야 해요. 그래야 겨우 대화에 낄 수 있어요. 그런 노력을 하지 않으면 대화가 잘 이루어지지 않고, 그러다 보면 협조를 구하기가 어려워져요. 남자보다 여자가 직장 생활을 하기 더 힘든 것 같아요. 남자들이 관심 갖는 것의 대부분은 여자들이 관심이 없는 것이거든요."

직장이라고 해서 공적 대화만 필요한 것이 아니다. 공적 대화보다 사적 대화가 더 중요할 때가 많다. 마음을 터놓고 부담 없이 나눌 수 있는 잡담은 인간적 유대를 깊게 만드는 촉매제가 되어 주기 때문이다. 사실 협력은 사적 대화가 통해야 잘 이루어지기도 한다.

그런데 사적 대화인 잡담은 공통 관심사 없이는 불가능하다. 물론 동성 간에도 직업, 나이, 성장 배경, 부모의 가르침 등에 따라 관심사가 조금씩 다르기는 하지만 공통점이 많아 잡담거리가 충분하다. 남자와 여자는 오랫동안 다른 생활을 해 왔기 때문에 근본적으로 관심사가 다르다. 동종 업종에서 일하면서도 관심사 차이로 대화가 막히는 경우가 상당히 많다.

일본을 포함한 G7 선진국에서는 남녀 간의 관심사 차이가 많이 줄었고, 그로 인해 소통이 잘되는 경우가 많아졌다고 한다. 이런 현상은 사회·문화적으로 남녀 공통의 관심사를 만들어 낼 수 있으며, 이는 남녀 간에 관심사 차이로 인한 대화 막힘을 크게 줄일 수 있다는 것을 보여 준다. 그러나 아직까지 우리 사회는 남녀의 관심사 차이를 크게 줄이지 못했다.

그렇다면 남녀 관심사의 차이는 어디에서 온 것일까? 남자들은 원시시대 이후로 오랫동안 야외에서 몸 쓰는 일을 했다. 그래서 여전히 가정을 벗어나면 몸 쓰는 일에 관심이 많다. 자신들이 직접 몸 쓰는 일을 하지 못하면 남들의 야외 활동을 관전하며 대리 만족을 느끼기도 한다.

그중에서도 싸움을 대신해 주는 운동경기에 관심이 많다. 월드컵이나 올림픽 경기가 열릴 때마다 대부분의 남자가 열을 올리는 것도 그 때문일 것이다. 다행히 2002년에 서울에서 월드컵이 개최된 이후로 국제 축구 경기 중계를 많이 보고 몸 쓰기 운동경기에 대한 관심이 높아져 남자들과 운동을 주제로 대화를 나누는 여성이 많아졌다. 그러나 남녀 간의 근본적인 관심사는 그다지 많이 변하지 않아 남편의 잦은 골프 모임이나 외부 활동에 불만을 품는 아내들이 여전히 많다.

또한 직장에서 행사를 진행할 때 프로그램을 구성하는 사람이 남자일 경우에는 야외 활동이 많고, 반대로 여자일 경우에는 실내 활동이 많다고 한다. 남녀의 서로 다른 관심사를 고려하여 직장 행사도 남녀 성비에 맞춰 야외와 실내 활동 비율을 정하는 것이 좋다.

남자들은 원시시대부터 야외에서 먼 곳의 지형지물을 살펴 먹거리를 구하는 일에 익숙해 주변보다 범위가 넓은 다른 먼 곳을 동경하며 살았다. 그래서 개인보다 공동체, 사회, 국가, 세상사에 관심이 많다. 남자들이 모여서 국가의 경제와 정치 전망, 세계 정세 등에 대해 침을 튀겨 가며 이야기하는 것을 많이 보았을 것이다.

반면 여자들은 주로 실내 생활을 하여 먼 곳보다 눈앞의 것을 자세하게 보는 훈련이 잘 되어 있다. 그래서 남자들이 자기와 상관이 없어 보이는 사회적 이슈에 대해 열변을 토하면 자기 앞가림도 못하면서 혼자 세상을 뒤집기라도 할 것처럼 말하는 것이 웃기다며 코웃음을 친다.

여자들은 야외에 익숙한 남자들과 달리 실내 생활에 익숙해 자기 자신과 가족, 친구, 친지 등 잘 아는 사람들, 약간 범위를 넓혀 유명 인사들에 관심이 많다. 그렇다 보니 남자들은 여자들과 대화하면 쓸데없이 남의 뒷담화나 해서 재미가 없다고 불평한다.

남녀의 엇갈리는 관심사는 대화까지 엇갈리게 만들어 충돌하기 쉽다. 잡담이든 공적 대화이든 주제가 엇갈리면 공감대가 이루어지지 않아 대화 성립이 어려워지는 법이다.

부부 간도 마찬가지이다. 관심사가 다르면 대화가 줄어든다. 아내가 남편에게 자녀들의 성적, 친구 관계, 재정 상황 등 가정사의 문제점에 대해 말하면 그러한 것에 관심이 적은 남편들은 바가지를 긁는 것이라 생각해 대화를 이어 나가지 않으려고 한다. 그러한 일이 반복되면 가정의 분위기는 점점 건조해지고, 결국에는 불화가 생긴다. 특별한 계기가 없는 한, 한 번 막힌 부부 간의 대화는 잘 뚫리지 않는다.

하지만 하나 이상의 공동 관심사만 있어도 여러 가지 잡담이 가능해지고 전체적인 대화가 즐거워진다. 회사에서는 남녀가 함께 즐길 수 있는 놀이의 장을 마련하고, 가정에서는 함께 즐길 수 있는 취미를 개발하면 언제든지 웃음꽃이 피는 대화를 할 수 있다.

T씨와 F씨는 자전거를 타다가 만났고, 그 인연으로 결혼까지 하게 되었다. 결혼을 한 지 벌써 5년이나 되었지만 그들은 여전히 같은 취미인 자전거에 대한 이야기만으로도 밤을 새며 대화를 나눌 수 있다고 한다.

이들 부부와 달리 처음에는 그렇지 않았지만 이후에 공동 관심사를 개발하여 늘 재미있게 대화를 나누는 행복한 부부도 있다.

대기업 임원인 남편과 중학교 국어교사인 아내는 관심사가 달라 많은 대화를 나누지 않았다. 그렇게 그들은 30여 년간 무미건조한 결혼 생활을 했다. 그러던 어느 날, 은퇴를 앞둔 남편이 문득 이런 생각을 했다.

'은퇴를 하면 아내와 마주 앉아 있을 시간이 더 많을 텐데, 어색하면 어떻게 하지?'

두려움을 느낀 남편은 용기를 내어 아내에게 자신의 고민을 털어놓았다. 두 사람은 공통의 관심사를 가지면 나아지지 않을까 싶은 마음에 사진 배우기 교실에 함께 등록했다. 사실 처음에는 큰 도움이 될까 싶었지만, 시간이 지나자 사진은 최고의 대화 소재가 되었다. 두 사람은 시간이 날 때마다 가까운 곳에 나가 사진을 찍으며 행복한 시간을 보냈다. 단 하나의 공통 관심사가 둘 사이를 끈끈하게 맺어 준 것이다.

이처럼 관심사가 서로 다른 남녀 간에도 의도적으로 공유 문화를 만들면 공통 관심사가 생기고, 공통 관심사는 행복한 대화를 할 수 있는 공급원이 되어 준다.

Solution

여자

　　남자는 대체적으로 개인사보다 사회, 국가, 세계 동향에 관심이 많다. 남자들의 모임에 참석한 여자들은 대화가 정치, 경제 등으로 흐르면 몹시 따분해한다. 남자들은 사회나 국가 등의 크기로 세상을 보기 때문에 가정의 시시콜콜한 어려움에는 관심이 적다. 따라서 아내가 가정 문제를 거론하면 자기 문제로 받아들이지 않고, 바가지를 긁는 것이라 생각해 대화를 피하려고 한다. 그럴 경우에는 남자의 관심사인 사회적인 문제와 연결시켜 설명해야만 자기 문제로 인식할 것이다. 무엇보다 남녀를 떠나 인간이라는 공통분모 속에서 같은 취미를 개발하여 공통 관심사를 만들면 남자들과도 즐거운 대화를 나눌 수 있다.

남자

　　여자는 가족, 친구 등 주변 사람들에게 관심이 많다. 따라서 직장에서 회식, 행사 등으로 인해 개인 시간을 투자해야 할 경우 가족을 돌보는 시간이 줄어든다고 생각해 상당히 부담스러워 한다. 회사는 남녀 성비에 따라 남녀 모두 관심을 가질 수 있는 프로그램을 준비하는 것이 중요하다. 직장에서든, 가정에서든 남녀가 함께 즐길 수 있는 취미를 개발하면 서로 다른 관심사로 부딪히지 않고 원활하게 대화할 수 있다. 남녀 간에는 단 하나의 공통 관심사만 개발해도 대화가 쉽게 풀린다.

맺는 글

 이 책을 처음부터 끝까지 꼼꼼하게 읽었다면 가정이나 직장에서 반드시 공생해야 하는 파트너의 문화, 사고, 언어 사용법 등을 이해하지 못하는 경우, '저 사람은 도대체 왜 저러는 거지?'라는 오해로 서로 갈등하다가 불행해질 수 있다는 점을 알게 될 것이다.
 지금까지 배우자, 연인, 이성 동료 등에게 '고양이인 너는 왜 개가 되지 못하는 거니?' 혹은 '염소인 너는 왜 양처럼 털이 풍성하지 않은 거니?'와 같은 비난을 해 왔다는 생각이 드는 사람도 있을 것이다.
 이성의 문화와 사고, 언어 사용법 등의 속성을 알지 못하면 무모한 기대와 요구로 불화를 일으키고 대화를 어렵게 만들어 서로 피곤하게 살 수 있다는 것을 깨달았다면 아주 큰 수확을 얻은 셈이다.
 사람은 본래 자기중심적이다. 상대방이 내 성격에 맞춰 나의 말을 왜곡하지 않고 해석해 주기를 바란다. 그런데 남녀는 근원적으로 사고 모드가 다르다. 따라서 상대방에게는 자기중심적 사고가 거의 통하지 않는다. 이 사실을 인정하고 관계를 유지하면 지금까지의 충돌이 반 이상으로 줄어들 것이다.

인간은 자기중심적 본능을 가지고 있지만 동물처럼 본능만 고집하지는 않는다. 교육과 학습으로 본능을 다스리는 힘을 길러 동물과는 다른 인간다운 면모를 갖추고 싶어 한다. 무엇보다 남녀의 사고 모드 차이는 생물학적 유전 요소가 아니라 생활 패턴이 만들어 놓은 차이이기 때문에 약간의 교육으로 상대방의 방법을 익히기만 해도 충분히 충돌을 피할 수 있다.

게다가 이미 남녀의 성 경계가 많이 무너졌고, 앞으로는 더욱 가속화될 전망이다. 머지않아 이 책에서 설명한 남녀의 차이 역시 크게 좁혀질 것이다. 그러나 아직은 인류의 긴 역사에 비해 남녀가 직장에서 만나 비슷한 일을 하기 시작한 기간이 짧다. 그래서 여전히 원시시대부터 견지해 온 생활 패턴 차이가 사고 모드 차이로 남아 있다.

물론 개개인이 살아온 환경 차이로 이 책에서 소개한 항목들이 모든 사람에게 일률적으로 적용되지 않을 수도 있다. 그럼에도 불구하고 이 책이 지금까지 이성을 이해하지 못해 불필요하게 오해하고 반목하던 사람들에게 어떤 것을 인정하고 어떤 것을 포기해야 하는지 알려 주는 가늠자 역할을 충분히 해 줄 것이라 믿는다.

배우자, 연인, 이성 동료, 자녀에 이르기까지 사고 모드와 언어 사용법이 달라 통역이 필요하다는 점을 인정하는 순간, 우리가 원하는 가장 친밀한 관계, 가장 협조적이고 호의적인 사람으로 변모할 것이다.